国家出版基金项目
NATIONAL PUBLICATION FOUNDATION

銀價變遷與中國

谷春帆◎著

山西出版傳媒集團
山西人民出版社

圖書在版編目(CIP)數據

銀價變遷與中國 / 谷春帆著. —太原: 山西人民出版社, 2015.3
(近代名家散佚學術著作叢刊 / 許嘉璐主編)
ISBN 978-7-203-08961-2

Ⅰ. ①銀… Ⅱ. ①谷… Ⅲ. ①銀本位制－研究－中國－民國 Ⅳ. ①F822.9

中國版本圖書館CIP數據核字(2015)第037125號

銀價變遷與中國

主　　編　許嘉璐
著　　者　谷春帆
責任編輯　梁晉華

出 版 者　山西出版傳媒集團·山西人民出版社
地　　址　太原市建設南路21號
郵　　編　030012
發行營銷　0351－4922220　4955996　4956039
　　　　　0351－4922127(傳真)　4956038(郵購)
E－mail　sxskcb@163.com　發行部
　　　　　sxskcb@126.com　總編室
網　　址　www.sxskcb.com

經 銷 者　山西出版傳媒集團·山西人民出版社
承 印 廠　山西出版傳媒集團·山西人民印刷有限責任公司

開　　本　700mm×970mm　1/16
印　　張　11
字　　數　107千字
印　　數　1—3000冊
版　　次　2015年3月　第1版
印　　次　2015年3月　第1次印刷
書　　號　ISBN 978-7-203-08961-2
定　　價　28.00圓

《近代名家散佚學術著作叢刊》編委會

出版説明

近代名家散佚學術著作叢刊選取一九四九年以後未再刊行之近代名家學術著作共一百二十册，編例如次：

一、本叢書遴選之著作在相關學術領域具有一定的代表性，在學術研究方向、方法上獨具特色。

二、爲避免重新排印時出錯，本叢書原本原貌影印出版。影印之底本皆經專家組審定，原書字體大小，排版格式均未做大的改變，原書之序言、附注皆予保留。

三、本叢書分爲八大類，以作者生卒年編次。

四、爲使叢書體例一致，本叢書前言後記均采用繁體字排版。

五、個别頁碼較少的版本，爲方便裝幀和閲讀，進行了合訂。

六、少數學術著作原書内容有個别破損之處，編者以不改變版本内容爲前提，部分進行修補，難以修復之處保留缺損原狀。

七、原版書中個别錯訛之處，皆照原樣影印，未做修改。

八、所選版本之抽印本頁碼標注，起始至所終頁碼均照原樣影印，未重新編排標注新頁碼。

由於叢書規模較大，不足之處，殷切期待方家指正。

總序／

披沙瀝金，以爲鏡鑒

◇許嘉璐

多年來有一個問題始終在我腦中盤桓：爲什麽在十九世紀末到二十世紀初，在短短的幾十年裏，中國的各個學術領域竟涌現了那麽多大師級的人物？這是中國近代史上一個極爲重要的現象，我認爲，如果不能給出令人滿意的答案，我們撰寫的近代學術史將是不完整的，甚至是缺乏靈魂的。後來我知道，著名人類學家克羅伯曾提出過一個問題：爲什麽天才成群地來？看來這種現象的出現並非中國所獨有，思考其所以然的也大有人在。而在那一次世紀之交中國的情況，似乎應驗了「天才成群地來」這個令克氏久久不解的疑問。錢學森先生曾從相反的方向提出了相同的疑問：爲什麽我們這個時代出現不了杰出人才？後來人們稱這個問題爲「錢學森之謎」。

要回答這些疑問不是件容易的事。與其迅速地囫圇地探尋，不如先多了解那些讓中國近代學術（應該包括人文科學和自然科學）史上閃耀着光輝的大師們的作品和自述，從而在腦海里盡量「復原」他們所處的環境和在那種環境下的心理路徑，從中或許可以得到一些啓示。

有一點是顯然的，這就是他們雖然都已遠離塵世而去，但是他們獨立思考的品性、求知治學的真誠、困厄窮愁中對節操的堅守，恐怕是他們共同的主觀因素，一直影響到現在，而且將會永遠留存下去。

就思想界、學術界而言，二十世紀上半葉是一個新説和舊説碰撞，中學和西學融匯的大時代。那時的學人極爲重視言行操守，同時具備現代知識分子的理想信念；他們的學術研究十分純净，絶少功利因素；他們的視界開闊，以包容的心態和嚴謹的風格造就了成果的大氣與厚重。至於在客觀因素一面，他們實際是在用工業化時代的事實解説着太史公所説的名山之作「大抵聖賢發憤之所爲作」，困厄苦難使得他們「皆意有所鬱結」。這種鬱結，幾乎和個人的名利毫無牽涉，他們永遠不能釋懷的，是民族的存亡、國運的興衰、民衆的福禍和文脈的續斷。

那個時代也是近代歷史上最大規模的中西古今學術調適、創新的時期，學術方法上的交互滲透和融合、創新亦可謂「於斯爲盛」。斯時之學人是要在封閉的屋墻上鑿出窗子的勇士，是使人能夠看看外部世界的第一批導夫先路者；或者可以説，他們是在「意有所鬱結」時「彷徨」和「吶喊」的「狂人」。

相對於那時的哲人們，後來者是幸運兒。現在的形勢是，近三十年來學界空前繁榮，衆多學科有了長足之進，其中很重要的一點是學界有了更新穎、更廣闊的國際視野，似乎接續上了百年前的學壇盛事。但細想想，「古」與「今」還是有差別的。其異，主要不在於世界情勢、學術進展、工具改善這些客觀存在，而在於在廣泛吸收各國優長的同時，自身文化的主體性越來越受到重視，換言之，「拿來主義」已經延長了「拿來」的程序，加上了試用、甄別、篩選、吸收、融合、成長。就我孤陋所見，在當今地球上，面向所有異質文明，努力汲取我之所缺，其範圍之大和心態之切，似乎無出中國之右者。從這個角度説，我們已經超越了前輩。但是事情還有另外一面，學術，特別是人文學科，其職業化、「沙龍化」和功利性，以及隨之而來的浮躁病却嚴重了。從這個角度説，是不是我們已經後退得够可以的了？而這是不是我們這個時代出不了大師的原因之一呢？

民國學術界的特點之一是極爲注重對傳統的反省、批判與繼承。他們對傳統文化盡最大的努力進行整理和研究。一方面，由於戰亂頻仍，民不聊生，學者們擔起了讓中華文化薪火相傳的歷史責任；另一方面，他們要通過對中國傳統文化的整理、挖掘來重振民族自信心。這一時期對傳統文化進行整理的全面而深入是前所未有的，舉凡文字學、語言學、經濟學、法學、哲學、政治制度、書法繪畫、金石學……規模之宏大，研究之精微，令人嘆爲觀止。

民國學術推動了現代學科體系的建立。在對傳統文化整理和研究的基礎上，吸收西方的文化思想和理念，推動和建立了中國現代學科體系。例如，在對語言文字和音韵學成果進行整理、研究的基礎上開始着手規範之，建立了國語學；深入研究書法、國畫，將其融入了現代美術學科；在廢除舊有學制後逐步建立起小、中、大學較完整的科目和學科體系。

民國學術也改變了傳統學術方式，建立了新的研究範式。以現代科學考古爲發端，科研的實踐和成果使中國知識界真正認識到在實驗、比較基礎上的邏輯分析對學術研究的重要，推進了中國學術的一大演變。至於我們常説的打破士大夫傳統、走出書齋到田野鄉村和市民中進行調查研究、結束了經學時代、以歷史眼光檢視儒學和諸子等等，都是確立新學術範式的努力。這一轉變，也標誌着中國學術界脱胎换骨，全面進入了現代，爲此後的學術發展奠定了堅實的基礎。當然，西方啓蒙運動以來，在「現代性」和「現代化」裏潛伏着的缺陷和謬誤也傳到了中國，這些不能不在前哲的著作裏留下痕迹。這並不奇怪。類似的情況，古往今來孰能免之？猶如今天的我們，誰敢自稱我之所見就是永恒的真理？在這個問題上兩個時代所異者，或許就在昔時大家創立新説或譯註西學著作，往往是懷着對學術和前哲的敬畏而爲之，故而常常誤不在我；當今則往往出於對學問和他人的輕蔑，或以所研究的對象爲謀己的工具，因而難辭主觀之咎吧。翻閲他們的心血之作，這些復雜的狀況可以顯見，可以視之爲我們的一面鏡子。

滄海桑田，世事變幻，歷史的動盪和時代的遮蔽，使當年許多大師的一些極有價值的學術著作被棄於故紙堆中，不能不令人有遺珠之憾。爲此，山西人民出版社不惜以數年之艱辛，披沙瀝金，編輯出版這套近代名家散佚學術著作叢刊，凡一百二十册，計文學、史學、政治與法律、美學與文藝理論、民族風俗、宗教與哲學、經濟、語言文獻共八大類别。所選皆爲作者之純學術著作，無論是其見解、精神，抑或是其時代烙印，都是後輩學人可資借鑒的寶貴財富。他們出版這套叢書，意在讓世人不忘來程，知篳路藍縷之不易，爲民族文化的傳承再增薪木。

出版社的初衷，與我近年來所思所慮近似，故願略述淺見於書端，以與策劃者、編輯者和讀者共勉。

二○一四年七月六日

改定於自安東回京途中

前言／精神、历史与事实

◇樊綱

中國古代不乏有趣和重要的經濟思想，但是就形成知識體係的理論或「學説」而言，中國現代經濟學的發展是從嚴復一九〇一年引進翻譯出版英國人亞當·斯密的國富論（一七七六）（當時譯爲原富）開始的。就是説，是從學習西方開始的。也屬於一個落後國家學習與追趕發達國家過程的一個組成部分。

從原富出版（以至更早時期天演論的翻譯和出版），到辛亥革命前後至五四運動時期，中國應該説是發生了第一次思想解放的進程，也就是中國的啓蒙運動，學習研究西方發達國家的科學技術、政治社會理論和人文思想，進入了一個新的時期。在大約半個世紀的時間裏，「大師」成批地出現，進入了一個學術研究的繁榮時期。除了大量翻譯西方的著作，中國人自己的經濟學研究力量也逐步形成，並逐步運用現代的理論和方法，來研究中國的社會、中國的經濟，用現代方法進行的實地調查研究，也多有發生。雖然有連續不斷的內戰和抗日戰争，學術研究却仍在繼續，陸續出版了許多專著和論文。我們這些在「文化大革命」後才進入學術領域的後人經常會好奇：那麽一個戰亂的時代，那些前輩怎麽還在做研究？怎麽還能做研究？每當看到一本那個時代出版的泛黄的「故紙」，一定是仰慕之情油然而生。

也許正是因爲戰亂，因爲當時的落後與貧窮，許多著作出版了，又散落了。有的没有得到應有的傳播，有的研究被打斷，無法産生大的影響。現在山西人民出版社將一些不大爲人所知和没有再印的散佚經濟學著作收集出版，既是拯救，也是發揚。用現在的眼光看，有的著作也許「淺顯」，但這些著作的價值和從中我們可以學到的，其實首先在於以下的一些東西：第一是精神，那種不求世俗功利，出自好奇心在亂世中探索真理的風骨；第二是歷史，我們中國人的思想史，我們現在學的這些東西是如何從外面舶來而在中國的土壤上生根和發展的；第三是事實，是那一輩學者在艱苦的環境下記録下來的當時和以往的事件與史料，這些已經不可復得，但却是我們在研究近現代中國經濟發展的整個進程時不可或缺的。

一代人有一代人的使命，也有一代人的局限。翻閲古籍，令我們思考我們能爲這個國家、這個民族、這個世界留下哪些遺産，我們的後輩將如何評價我們？

二〇一四年八月二十一日 寫於深圳

作者簡介

谷春帆（一九〇〇年—一九七九年）江蘇吴縣人。畢業于上海聖芳濟書院，曾在河南、上海、南京、昆明、重慶等地郵政局任職。一九四六年任上海市財政局局長，同年，擔任上海市銀行董事長一職，一九四七年任郵政總局副局長兼儲金匯業局局長。著有銀價變遷與中國、中國工業化通論等。

序

此書係應西友之約，繼「銀之發炎動態的研究」（一九三二年版）而作。屬稿於一九三三年夏。脫稿於一九三四年加征銀出口稅之頃。原爲英文，曾分期刊布於本年二三四各月上海之金融商業報。（另有單行本）今以譯饗國人。並將一九三四年結束後之情形，分別增補。全書論證有與時議不合者數點。

（一）人謂中國經濟衰落係因美國提高銀價之故。予謂係因物價平準破裂，財富分配失當之故。銀匯之漲雖使衰沈之來，較速較重，但非根本原因。

（二）人謂中國現銀流出亦係美國提高銀價之故。予謂銀之流出根本上係因國際借貸逆調，暫時間係因謠傳禁銀出口，人心恐怖之故。

（三）人謂今日之金融恐慌係由上海現銀缺少之故。予謂經濟衰沈，纏綿日重，物價跌，商業衰，債務重，信用竭。工商業不能償，銀錢業不敢放。資金呆而貿易塞。禁銀無效。幣制垂危。人心更虛而恐慌成。

（四）人謂壓低銀價爲救時之良藥。予謂銀價漲跌，利害參半。一漲一跌，有損無益。必須另籌運用之道，使中國物價與世界銀價絕緣。補苴粉飾，終貽大患。且禁銀出口，意不獨保護存底，亦以壓低匯價。曾幾何日，又有借外款以安定匯市之謠。前後政策矛盾。不揣其本，而齊其末。舉棋不定，終無是處。

里閈之士，孤陋寡聞。造車閉門，無當大雅。世之君子，念其不學，惠而教我，馨香祝之。書中計算，多藉算尺。末位不盡正確。無關宏旨。理當附白。

二十三年三月九日，谷春帆序於南京郵政總局。

目錄

銀價變遷與中國

第一章 緒論

貨幣變遷對於經濟組織之影響，最爲錯綜糾紛，而於中國爲尤難究詰。中國幅員廣袤。經濟情形，各地不同。雖號稱銀本位國，而貨幣制度迄未統一。可靠之統計資料又復缺乏。故貨幣變遷對於經濟組織之影響，最難分析。世界各國除愛沙批亞(Ethiopia)及香港外，僅中國一國採用銀本位。但中國雖係銀本位國，而其於世界經濟之關係，則亦復甚爲密切。世界經濟之變動，苟其變動之力量足以引起國際間之反動者，幾無不可以牽涉中國，而中國經濟之變動，對於世界經濟亦復有相當之影響。從一九三〇年銀價劇跌以後，銀問題常爲世界人士所注重。國際商會及倫敦貨幣經濟會議對於銀問題，均有所決議。然而銀問題之未能解決如故。舉會中人士之熱心與經驗，曾不能有所裨益。正以銀問題之爲問題，並非一種問題。美國及墨西哥銀礦主人及其代議士心目中之銀問題是一種。以銀爲貨幣價值之中國人，其心目中之銀問題又是一種。印度以窖銀著，其所謂銀問題又是一種。至於既不產銀亦不用銀而僅對用銀國之貿易繁榮有利害關係之國家其視銀問題又爲一種。一部份人以爲銀之生產僅爲千萬種生產之一種。以爲此次經濟衰沉中，銀價之跌落，比之其他重要商品之跌價，未爲過度。以爲用銀國家在銀價跌落期內之國際貿易，比之用金國，未見特別減縮。以爲用銀國人民之購買力雖云減少，然以比之英鎊美金及其他金幣跌價後各國人民購買力之減少，則尙如小巫之見大巫。總之以爲銀價漲跌無大問題。又一派人則以爲銀價之漲跌影響及於世界上半數人民之購買力，以爲世界商業之進展與當時金產量不稱。各國又競收現金，以致金融流通不靈，而發生世界經濟衰沉之現象。欲圖恢復金融（Reflation），彌補金產之不足，惟有乞靈於白銀，而後世界繁榮，始有恢復之望。又一派人則以爲一九三〇年以後銀價之跌落，實有保護中國避免經濟恐慌之功用。以爲銀價跌後，中國進口物價高漲，使中國民族資本有蘇息之機，得發展之益。銀價漲後必使金融收縮，國際貿易減少，適與銀派人士之預期相反。各派主觀之利害，既不相同。故欲求一公平無偏，切合事理之定論，其事已難。乃至言者聽者，均有成心，而欲求一各方滿意之解決辦法，自然更不可能。

本篇之作，並非欲求一公平無偏，使各方滿意之定論或辦法。凡有所論，不能無所贊否，卽不能無論者之立腳點。惟論者之態度，則竭力求其客觀。竭力從分析事實着手。竭力避免私心自用。本篇之目的，在研究銀價變遷下中國之影響。故其立腳點係從中國出發。惟問題之本身，過於奧衍複雜。物價金融生產各方面錯綜交互之變動，其原因往往難於探究。如一缸中衆魚交泳，水波之動，由於甲魚，乙魚，抑丙丁戊魚；極難指認。而銀價變遷對於中國之影響，時論雖多，迄未有客觀之定論，可爲圭臬，故其困難又滋甚。惟於觀察一九三〇年以來銀價變遷對於中國經濟影響之先，似宜將從來銀價變遷之經過與其特性，及一九三〇年銀價跌落以前中國經濟狀況之大概，觀察一過，庶易醒目。

銀價

銀爲貨物之一種，自有其價格，而可與其他貨物相交換。通常所稱之銀價，如每標準盎斯若干便士（英金），或每純銀盎司若干分（美金），僅爲銀與各該貨幣交換之比例，爲諸種交換比例中之一種。當英國與美國均爲金本位時，以英金或美金表示之銀價，即等於以金表示之銀價，亦即爲金銀交換之比例。爲諸種交換比例中之又一種。但售銀者並非僅欲以銀易金也，易得之金，仍須以之購物。因之而有第三種交換比例，即銀與百物之交換比例也。百物之頣，不能一一與銀相衡而得其比例。則可以躉售物價指數代表百物之價而求銀與躉售物價之交換比例。從一九二九年以來，此三種交換比例之變遷，有如下列第一表。

第一表中有可注意者數點。（甲）倫敦銀價於一九三二年上漲，紐約銀價於一九三三年上漲，但金銀之交換比例，在一九三四年九月以前，依舊不利於銀。以英金美金表示之銀價上漲，非銀價之上漲，乃英

第　一　表

銀價，金銀比價及銀購買力比較表

	1929	1930	1931	1932	1933	1934（九月）
倫　敦						
金價（每盎斯31.1035公分值辨士數）	1,019.35	1,019.93	1,110.23	1,416.82	1,497.40	1,690.04
銀價（每標準盎斯28.77公分值辨士數）	24.455	17.672	14.602	17.840	18.215	21.8875
金/銀比價	38.6	53.4	70.3	73.5	75.7	71.4
銀價比數	100	72	60	73	74	90
躉售物價指數	100	88	76	75	74	77
躉售貨物／銀交換比例（銀購買力）	100	122	127	103	100	86
紐　約						
金價（每純金盎斯值美金分數）	20,670	20,670	20.670	20.670	27.180	35.000
銀價（每純銀盎斯值美金分數）	53.3	38.5	29.0	28.3	34.6	49.5
金/銀比價	38.8	53.7	71.3	73.0	76.6	70.7
銀價比數	100	72	54	53	65	93
躉售物價指數	100	91	77	68	69	81
躉售物價/銀交換比例（銀購買力）	100	126	143	128	106	87

美幣價之下跌也。（乙）自一九二九至一九三三年此五年中，銀價比之物價下降較多。但在一九三二及一九三三兩年中銀價與物價之差異，漸漸減少。一九三三年倫敦銀價與倫敦物價，仍躋於一九二九年之比例。故知金銀比價雖未改善，而銀對百物之比價（卽銀之購買力）則頗見上升。而以一九三四年爲尤甚。（丙）銀購買力自一九二九至一九三一年之跌落，自一九三二年至一九三四年之上升，均極劇烈。相差之數多至百分之三十以至百分之四十。而以貨幣表示之銀價，其上落尤甚。

推論至一九二九年以前，則銀價（卽金銀比價）與銀購買力（卽銀對百物之比價），在過去一百年內，均有劇烈之上落。兩者之大勢尙屬相符。惟漲落之程度，則頗不一致，尤以近年爲甚。（此種比較，散見各刊物者頗多。H. M. Bratter 君所著 The Silver Market 一書，美商部出版。有一八三三至一九三三一年之比較，可參閱。）所可注意者，（一）銀價與銀購買力均有巨大之漲跌，（二）銀價之漲跌，在過去一百年間，並未能與物價之漲跌，保持適當之步伐。故銀對百物之購買力，在此期間，未能穩定。用金國物價之變遷，卽表示金購買力之變遷。銀價與物價之升降，既有差異，卽銀購買力之變遷與金購買力之變遷，不能相同。世界各國，既盡屬金本位國，而中國獨爲銀本位國。則銀購買力與金購買力相對之差異，自然卽表示兩本位國間物價之差異。由此而貿易及金融，自無不受其影響。究竟從中國之立場言，以維持銀本位，擔負金銀購買力差異之危險爲得計，抑以追隨金本位，分負金購買力上落之危險爲得計，自生問題。此一問題，自各國相繼放棄金本位後，更形複雜。以後當再討論。但無論如何，銀價與銀購買力，既易有巨大之上落，則自不能完全適合理想中之價值標準。

吾人之目的，不在於決定銀價漲跌之責任。故對於每次銀價漲跌之原因，可以存而不論。惟欲預測銀價將來之趨勢，則對於銀之供求狀況及一般關於銀價漲跌之人爲的原因，不能不明瞭其大概。銀供給之來源，普通不出兩途。一爲礦產新銀。一爲舊幣鎔銀。在一九二一年以前，每年礦產量，無過二萬萬純銀盎斯者。其後逐漸增加。一九二九年爲二萬萬六千一百萬純銀盎斯。一九三〇年爲二萬萬四千九百萬純銀盎斯。自一九三〇年銀價跌落以後，礦產量頗有減少。一九三三年僅一萬萬六千三百萬純銀盎斯。但一九三四年銀價上漲後，產量又稍增爲一萬萬八千一百二十萬盎斯。舊幣鎔銀之供給量，在一九二〇年以後各年，大有增加。歐、美各國相繼停止銀本位或複本位。停止鑄造銀幣，並減低現有銀幣之成色。由此鎔得之舊銀，均陸續在市上出售。倫敦協定雖限制印度及西班牙每年出售舊銀之數量，然其存銀額均極巨。有繼續威脅銀市之勢力。玆將十年來銀供給量列作第二表。

在各國普遍採用金本位以前，鑄幣用銀甚多。卽近至一九二〇年，世界重要各國均已廢除銀本位，而鑄幣用銀，仍達九千九百萬純銀盎斯，當是年世界銀產量之半，且大於中、印兩國是年所消費之數量。此後各國非但停止鼓鑄銀幣，且減低銀幣之成色，鎔銀出售。鑄幣用銀之需要，幾於絕迹。一九三〇年以後，雖有

第 二 表

一九二四年至一九三四年銀供給表

年份	銀供給總量	礦產新銀	熔化舊銀
	(以百萬盎斯純銀爲單位)		
1924	259.5	239.5	20.0
1925	275.2	245.2	30.0
1926	261.5	253.8	7.7
1927	272.4	254.0	18.4
1928	317.9	257.9	60.0
1929	328.0	261.0	67.0
1930	320.2	248.7	71.5
1931	264.7	195.9	68.8
1932	211.9	164.8	47.1
1933	268.0	164.0	104.0
1934	436.2	181.2	755.0(註)

(註)包含中國運出之二萬萬盎斯在內

第　三　表

一九二四至一九三四年銀消費表

年份	印度	中國	德國	工藝用	鑄幣	不明(註一)	總額
	(以百萬盎斯純銀爲單位)						
1924	108.2	41.7	—	32.5	65.7	11.0	259.1
1925	106.7	59.4	14.3	36.0	20.3	15.4	252.1
1926	91.6	73.9	12.5	39.5	10.8	[illegible]6.0	254.3
1927	90.0	85.0	16.7	40.0	6.5	31.4	269.6
1928	89.0	124.0	10.8	39.5	13.6	31.5	308.4
1929	81.8	136.7	12.0	43.5	25.0	28.9	327.9
1930	94.5	123.0	8.0	35.5	20.1	37.2	318.3
1931	57.0	59.0	28.2	41.5	21.1	57.5	264.3
1932	12.0	40.0	22.8	31.0	49.1	56.9	211.8
1933	10.0	—	14.5	32.0	51.2	160.2	267.9
1934	15.0	—	12.4	38.0	349.0(註二)	21.8	436.2

(註一)包含去路不明及積存待售之銀在內

(註二)內有三萬萬二千八百萬盎斯係各國政府按倫敦協定收購者:計美國317,400,000,墨西哥7,200,000,加拿大1,700,000,祕魯1,000,000,澳洲600,000盎斯.

來源:歷年 Handy & Harmon 公司報告

數國，恢復鼓鑄銀幣者，但均非重要，於銀市無多影響。自鑄幣需要斷絕以後，中印兩國之用銀額，遂爲求方一大宗，幾佔全世界每年產額之八成。但自一九三〇年銀價跌落以後，此兩國之銀消費額，大形減少。非但無力支持銀市，且有時反出售存銀，增加銀市之壓力。茲將十年來銀消費情形列爲第三表。因表中資料來源不同，故第二表與第三表供求之總數，微有不同。但第三表末第二項認爲去路不明及積存待售之現銀，其數額則係逐年增加。故從生銀之供需情形觀察，如無其他人爲之干涉，銀價前途，定無起色。

然而自來銀價之漲跌，頗受人爲之干涉。銀供需之失調，由於各國之停止鑄幣及鎔化銀幣。各國貨幣立法之變遷對於銀價之影響極大。美國受銀派議員之控制，屢次有國庫購銀以提高銀價之事。自一八七八年勃蘭阿立孫案（Bland-Allison Act）一八九〇年休門案（Sherman Act）一九一八年畢德門案（Pittman Act）後，復有最近之購銀法案。以前數次法案，雖對於銀價之長期趨勢，不生影響。然其施行之時，亦有暫時擾亂之力。一九二六年印度幣制委員會之報告，議將印度存銀陸續出售，對於銀價之跌落，頗有關係。縱觀近百年來之銀價，其一漲一跌，幾無時不受各國貨幣立法之影響。照銀產數量言，如無貨幣鎔銀出售，則供需雙方尙不致相差過遠。以後銀價之漲跌，其與產銀增減之關係，似尙不如其與貨幣立法關係之密切。故以後銀價之漲跌，大概言之，並非經濟問題，而反爲一政治問題，爲政治作用所左右。以一國之價值標準，而其安定與否，須視外國政治勢力之消長，就中國言，似未免爲危險之舉。

中國之經濟背景

中國號稱以農立國。其出口貨多屬農產品及原料品，而進口貨則多屬工藝品。然國內各地之經濟發展，極不平均。大部分地方雖仍在農業時代，而他部分地方則新式工業亦已日見推行。此類新式工業雖已有七十餘年之歷史，而其經濟基礎，始終未曾穩固。同時復受進口洋貨及在華洋廠之競爭。未成立之工業，固無興起之機會。即已成立之工業，亦有不能維持之勢。試以紗廠爲例。據方顯廷先生之研究（見中國之棉紡織工業及棉紡織品貿易，載經濟統計季刊一卷三期）一九三〇年多數中國紗廠之資本動力，所有紡錘及織機，均比多數在華日廠爲小。中國紗廠所雇工人雖比日廠爲多，而其生產能力則比日廠爲小。日廠一工人可使用二四·一四紡錘或一·一〇織機或〇·八二八一基羅瓦特之動力，每年能生產一一·九五包棉紗，或七八五·三八疋棉布，能消費棉花四三擔。而中國紗廠工人則僅能使用一六·〇五紡錘，〇·五八織機，〇·五三〇一基羅瓦特之動力。每年僅能生產棉紗九·八五包，棉布二六一·七三疋。消費棉花僅三四·五五擔。紗廠爲中國新興工業中比較規模粗具之工業，而其經營情形，比之在華日紗廠相去尚遠，比之日本本土及其他各國之紗廠，亦可無論已。其他中國之新興工業，大多規模均極小。據何廉方顯廷兩先生所著中國工業化之程度及其影響一書所載，一九二〇年調查時，中國工廠百家中有八十家其所雇工人不足三十人六・八家爲三十人以上五十人以下，五・六家在一百人以下。又五・六家在一百人以上。僅百分之二所雇工人在五百人以上。中國之進口稅率，雖在關稅號稱自主及屢次改訂稅率以後，仍屬極低。國內市場，則隨農村經濟之崩潰，而日益狹小。在此日益狹小之市場中，進口洋貨與國內新興工業產品之競爭愈益激烈。同時世界市場中，則中國工業產品尚未有插足之餘地。因之在一九三〇年銀價起始跌落之時，中國工業之情形，甚爲困苦。切待外力之救濟。銀價之跌落，既使進口物價高漲，減少進口洋貨之競爭力，故當時對於久受束縛之中國工業，所予之刺激甚大。

農業之生產情形，比之工業，更爲困難。遠在春秋戰國之世，已有若干地方，有「地狹人貧」之患。代耕之制（田地輪番耕作輪番休養之制）自漢世卽已廢棄。土地之分配，屬於小地主者居多，開墾不遺餘力。狹鄉居民，僅憑田作，往往不敷生活，不得不兼營手工副業。卽有豐稔之年，存穀充盈。而交通不便，往往坐待朽腐。甚至鄰區歲饑，而不得發粟相周恤。人口過剩之患，有史以來，不絕於書。所謂一治一亂，五百年必有王者興者，其實無非治平之後，人口孳生，地力不給，故若干年內，必有暴亂，大肆屠殺。至於戶口稀少，地力敷餘，而後游丁歸田，復臻治平。海通以還，帝國主義之侵陵，新興工業之推銷，對於農村經濟，大有打擊。機器生產之發明，機製品之輸入，使手工生產，無法圖存。而大批手工業者，不得不羣告失業。農村家庭之間，以地力不足而藉手工爲副業者，因副業之無法維持，而愈增困苦。人口之孳生不已，地力之不足愈甚。同時民族工業之發展，又受帝國主義之束縛，不能吸收鄉村之游離勞動力。壯丁無所得食，散爲流寇。寇盜侵尋，人不能安居樂業，散而之四方。於是向之爲爭攘地力而揭竿爲盜者，今則反以揭竿爲盜之故，而使地力荒廢不治。土地荒蕪，生產愈不足，寇盜愈多，地土愈荒。循環因果，無有已時。且向來變亂，限於一隅，屠殺之後，人口凋零，爭端自息。今則變亂範圍，因交通便利而擴大，一方面對於游離勞動力雖多殺戮，而他方面進口貨與工業品則反因內地生產力之阻滯而乘機取代，更在鄉村加緊製造游離勞動力，以至愈陷愈深，雖變亂連年，而迄無昭蘇之望。蓋今日之變亂，已非昔日農村人口暫時過剩所可比。今日農村人口之過剩，並非單由於人口孳生之繁，而實由於生產組織，根本上方有變更之故。向來地方的農業的封建的生產組織，今正進至於世界的工業的資本主義的生產組織。在帝國主義侵掠下殖民地化之中國農村組織，今方日就崩潰。

中國雖號稱地大物博，而煤鐵諸礦之蘊藏，水力之來源，均極有限。人口密度在比較富庶之農業區域中（江蘇）每方里達八百人。貝克教授與雷穆教授分別研究之結果，（一在一九一九年，一在一九三〇年）均謂美國每人所有之耕田，九倍於中國每人之所有。即將中國國內可耕未墾之地一併計入，尚僅及美國現在每人所有耕田之一半。（見方顯廷先生 China's Industralization 一文所引及雷穆教授 C. F. Remer: Foreign Investments in China 第二十三頁）大量移民屯墾，其前途似無多希望。同時中國民族工業之幼稚，則更屬可憐。故中國雖號稱四千年來以農立國，雖號稱振興工業，已有七十餘年，而衣食兩項，均不能自給。外國之食料及外國之衣料每年進口之數，佔全體進口之五成。從此一點觀察，則銀價之跌落，對於衣食必需依賴國外進口之消費者，自必增加其擔負。一九三〇年中國進口貨共值一、三〇九、七五六、〇〇〇關平兩。一九三一年共值一、四三三、四八九、〇〇〇關平兩。一九三〇年之銀價，比一九二九年跌落百分之二十八。一九三一年比一九二九年跌落百分之四十六。即將世界物價之跌落與銀價相比，紐約銀價在一九三〇及一九三一年期內，亦仍比物價跌落百分之二十六以至百分之四十三（見前第一表）。假使中國匯價之變動與銀價之升降相等（此事後當證明）則中國於一九三〇年所付之進口貨價，雖達十三萬萬餘兩，而其所購之貨，僅值一九二九年之九萬萬四千餘萬兩。一九三一年所付之十四萬萬餘兩，僅值一九二九年之七萬萬七千餘萬兩。換言之，即中國因銀匯跌落之故，於一九三〇年多付三萬萬六千餘萬兩，於一九三一年多付六萬萬五千餘萬兩。以中國生活程度之低，農家五等成年男子之全家每年生活費用尙不足二百元（見陶孟和先生 The Satandard of Living among Chinese Workers, 1931）則此項因銀匯跌落而拱手送人之貨價，在一九三〇年，可供一千五百萬人全年之生活，在一九三一年，可供二千四百萬人全年之生活。此爲討論銀價升降所不能不顧及之問題。

掠奪中國市場之工業品，具有摧殘農村經濟及手工業之力量，但並不具有典型的工業革命吸收農村游離勞動之力量。帝國主義之侵略，一方面破壞中國原來之經濟組織，他方面復阻礙半殖民地中國工業化之發展。此外中國工業化尙有內在之困難甚多。資本缺乏。熟練工人缺乏。均非一朝一夕之故。而游離勞動力之充斥亦爲工業化之障礙。大批產業預備軍，困於飢寒，對於任何報酬及任何條件，均肯出賣其勞動力。因之工人之生活程度，無法提高。因人工低廉之故，採用最新式之機械設備以期節省人力增加勞動效率之計劃，在他國以爲經濟合理者，在中國反爲浪費。其結果使勞動效率亦無法增進，工業進化，亦見停滯。且如前所述，中國在閉關自守時代，其人口之孳生，經過相當時期，輒超過其地力及當時生產效率所能贍養之限度。今日農業生產之效率，視以前進步甚少。即令恢復閉關自守之辦法，以本國之生產，供本國之消費，十分降低現在之生活程度，恐亦難有大量之餘儲，可以作爲資本，可以供擴張生產之用。所以有史以來僅有成王敗寇之循環砍伐，經濟發展，始終停滯。迄無自發之工業革命，即商業資本之發展，亦僅爲農村經濟之附庸。正以生產效率太低，平時之生產，未嘗有餘於消費，因而資本無積蓄之機會也。

今日中國之資本市場，其組織極爲散漫。公司股票交易甚少。企業投資公司，在中國建設銀公司成立以前，尙無所聞。有之則外國資本耳。縱有企業家欲圖創業，而籌款無從。此尙指上海而言。至於內地則更爲困難。內地歷年以來蓄積之少數現銀，近年來方漸漸流至上海各銀行之倉庫中。各銀行鑒於民族工業前途之黯淡，其投資之方針，又多側重公債與地產。因之而投機資本乃日多，生產資本反日少。

在如此情形下，中國工業之發展，必須有根本改造之宏謨。而中國工業化問題之解決，又必須與中國之農業問題，同時解決。若廣大之農村市場，日就崩潰，不能以之作爲工業產品之尾閭。若多數之農業勞動，日就失業不能消納之於工業生產，及工業原料之生產。使之轉輾溝壑，或使之散爲寇盜，或驅之於都市使之壓迫現役工人。阻礙其生活程度之提高，及工業機械之進步。則中國之農業問題，固屬日趨嚴重，中國之工業問題，亦是此路不通。暫時之刺激，或阻礙，如銀價之升降，尙屬問題之枝節。由刺激而起之工業，大概皆爲基礎薄弱乘時投機之組織，其對於中國工業化之前途，未必有益，而於中國工業界之危機則反增一籌也。

第二章　銀價與中國之國際經濟關係

銀價跌落對於中國所生之影響，可分兩方面言之。一爲銀價與國際經濟之關係。一爲銀價與國內經濟之關係。究竟兩者之中，何者對於銀價之影響較大，頗難懸斷。因兩者之間，彼此又互相影響也。然國內經濟所受於銀價以外，其他各種因素變遷之影響，比之國際經濟尤爲隱微，尤難剖斷。而國際經濟所受之影響，則較爲彰明。今先從銀價對於國際經濟之影響入手討論。

銀價與匯價

銀價變遷之最初最直接之結果，爲銀幣對金幣匯價之變遷。當世界各國未脫離金本位時，世界銀價及銀匯價之關係非常密切。除因匯市供求而起之微波外，銀匯價常隨銀價而升降。（亦有人以爲銀匯價隨中國國際收支平衡而升降。銀價又受銀匯價之影響而升降。夫銀價與銀匯價之變遷相爲因果，固屬的確。然謂世界銀價隨銀匯而上落，則言過其實。當一九三〇年銀價跌落之時，中國匯價高於平價甚多。其國際收支亦屬有餘。顯不能以此爲銀價跌落之原因。大體上，仍以銀匯追隨銀價爲較切。）自一九三一年以後，世界各國逐一脫離金本位，各自推行其貨幣貶值之政策。匯市失去經常之狀態。銀匯對於世界各國貨幣之趨勢，亦無復再爲以貶值貨幣表示之銀價所節制。銀匯價亦不復以金銀比價爲中心而上落。各國之貨幣價值，既漲跌互異，故其對於銀匯之匯率，亦復高低互異，各以其貨幣購買力爲標準。（註一）茲將一九二九年至一九三三年來紐約銀價及同時期內上海對外匯率指數繪爲兩線（以半對數線紙表示之Semi-logarithm paper）另以中美，中日，中英之匯率附繪於後。其詳細數字載第四及第五表中。銀匯率之追隨銀價，於一九三一年以前，其象甚明。一九三〇及一九三一兩年銀價之猝落，使銀價銀匯之平行線，暫時發生分離，但不久即復合。直至一九三一年十二月，日本重申金禁，日圓跌價，而後銀價與銀匯之趨勢乃分。一九三一年九月，英國停止金本位法，亦曾使中英匯價隨而高漲。此觀下圖附角可知。但對於外匯總指數之趨勢，則似無顯著之影響。自此以後，銀匯對於銀價之關係漸疎。一九三二年紐約銀價繼續下降，而外匯指數反轉好。中美匯價雖仍隨紐約銀價爲轉移。而其他各國則因貨幣貶值之故，而對於銀匯表示跌價。自一九三三年四月美國停止金本位後，銀價上漲。因之紐約銀價及上海外匯指數兩線，稍復相近。此蓋由於美幣貶值之故，並非銀價銀匯恢復正常關係之象徵。自美國脫離金本位後，世界重要各國，除歐陸之少數金集團國家外，均已脫離金屬本位。美金英金乃至任何貨幣，均不足以爲銀匯對一般貨幣上落之標準。銀之三種交換比例中，金銀比例及以貨幣表示之銀價，均不足以爲測量銀匯升降之尺度。僅餘銀與物

紐約銀價與上海外匯指數變遷圖

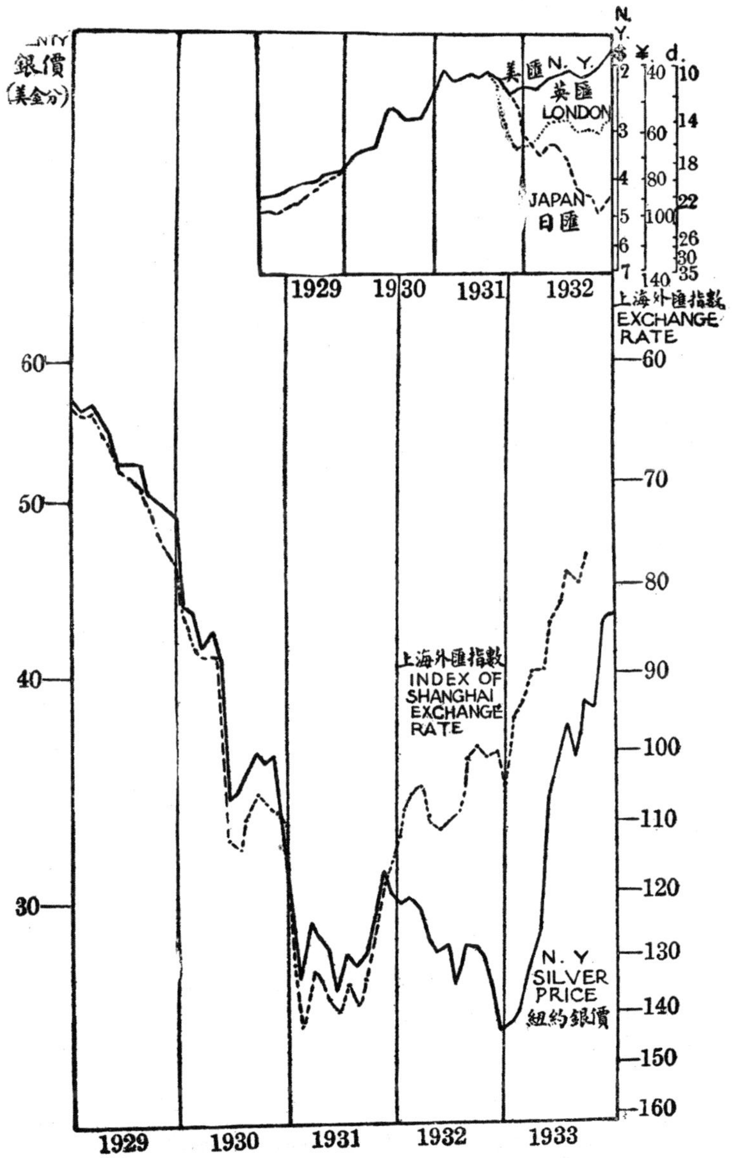

第 四 表

一九二九至一九三四年紐約銀價表

以美金分爲單位

	1929	1930	1931	1932	1933	1934
正月	57	$44\frac{13}{16}$	$29\frac{3}{8}$	$29\frac{13}{16}$	$25\frac{3}{8}$	$44\frac{1}{4}$
二月	$56\frac{1}{4}$	$43\frac{9}{16}$	$26\frac{7}{8}$	$30\frac{1}{8}$	$25\frac{7}{8}$	$45\frac{1}{4}$
三月	$56\frac{3}{8}$	$41\frac{13}{16}$	$29\frac{1}{4}$	$29\frac{3}{4}$	$27\frac{1}{2}$	$45\frac{7}{8}$
四月	$55\frac{3}{4}$	$42\frac{1}{2}$	$28\frac{3}{8}$	$28\frac{1}{4}$	$28\frac{1}{8}$	$45\frac{1}{2}$
五月	$54\frac{3}{8}$	$40\frac{15}{16}$	28	$27\frac{3}{4}$	$34\frac{1}{16}$	$44\frac{5}{8}$
六月	$52\frac{7}{16}$	$34\frac{1}{8}$	$26\frac{5}{8}$	$27\frac{5}{8}$	$35\frac{11}{16}$	$45\frac{1}{8}$
七月	$52\frac{5}{8}$	$34\frac{3}{8}$	28	$26\frac{3}{4}$	$37\frac{1}{4}$	$46\frac{3}{8}$
八月	$52\frac{5}{8}$	$35\frac{1}{4}$	$27\frac{1}{2}$	28	36	$49\frac{5}{8}$
九月	$50\frac{3}{4}$	$36\frac{1}{4}$	$27\frac{7}{8}$	$27\frac{5}{8}$	$38\frac{3}{4}$	$49\frac{1}{2}$
十月	50	$35\frac{13}{16}$	$29\frac{3}{4}$	$27\frac{3}{8}$	$38\frac{5}{8}$	53
十一月	$49\frac{5}{8}$	36	$31\frac{1}{8}$	27	$42\frac{15}{16}$	$54\frac{1}{2}$
十二月	49	$32\frac{3}{8}$	$30\frac{1}{4}$	$25\frac{1}{8}$	$43\frac{1}{2}$	$54\frac{5}{8}$
平均	$53\frac{1}{16}$	$38\frac{1}{8}$	$28\frac{9}{16}$	$27\frac{15}{16}$	$34\frac{1}{2}$	$46\frac{3}{16}$

來源：國定稅則委員會上海貨價季刊

第五表

上海對外匯率指數

1930=100

月份＼年份	1929	1930	1931	1932	1933	1934
正月	63.30	83.88	131.85	106.12	93.68	79.13
二月	64.18	86.78	143.36	103.76	92.42	78.06
三月	63.89	88.66	132.58	102.10	89.67	78.41
四月	64.80	88.66	134.20	109.07	89.65	79 06
五月	66.63	93.48	138.07	110.39	83.71	84.05
六月	68.23	112.55	139.83	109.06	81.59	82.02
七月	69.46	113.06	134.42	108.24	78.83	79.84
八月	70.20	108.05	139.40	100.37	79.48	77.13
九月	72.50	105.25	135.07	98.93	76.29	75.30
十月	74.76	106.83	126.19	99.58	76.20	76.04
十一月	75.62	107.11	118.13	98.98	73.37	79.41
十二月	77.24	116.96	114.26	103.80	72.72	77.44
平均	69.02	100.00	131.93	104.35	81.60	78.27

來源　天津南開經濟學院

價之比例（即銀購買力）猶堪依據。蓋銀價之漲跌，如因英金或美金價值變遷之故，則英金美金對於中國及其他各國之匯率均將一律變更，而銀匯對其他各國貨幣之地位，自無變更。反之，如銀價漲跌，並非由於貨幣政策之故，則銀匯對其他不用銀本位之外國貨幣，自亦將隨而漲跌。故今日而言銀價漲跌之影響，必須先分別銀價與銀購買力之不同。銀購買力之漲跌，對於銀匯，確有影響。若僅言銀價，未免皮相。

匯率之升降，即在同一金屬本位之國家間，亦屬常事。但在同本位國家間，匯率之升降，僅爲匯兌市場於維持匯率平衡時暫時附帶之微波。匯兌之平價，依兩種貨幣之金屬成分而固定，匯市縱有上落，不能過於輸送現金所需費用之限度。如金購買力有長期變動，各金本位國皆受相同之影響，國與國間之匯兌關係，並不因此而改變。兩方匯率不能猝然有巨大之波浪。如兩國間之匯率，根本上有失諧之處，則現金必然流動。一方對於失諧之匯率，加以限制。一方對於失金之國家，加以警戒。使其自知國際收支之逆調，促其乘時採取救濟之方案。

中國之情形卻不同。除因一定時期內匯市供求上落而生之外匯升降外，金銀平價，隨時可以變動，而又無時可以預測。外匯平價，非由立法所規定，而爲銀價所左右。故中國外匯之升降，實有兩種：一種爲平價之升降，一種爲匯市供需之關係。因匯市供需而生之升降，類於金本位國間之匯市漲跌，其數有限。雖東西洋現銀運輸之費用及鎔化之損失，均比金本位國間爲巨，然終屬有限。惟匯兌平價之變動，則極難捉摸，而極無制限。一切均視銀價上落以爲定。現在各國間匯兌關係之紊亂，雖可謂爲非常。然卽在世界各國未離金本位，匯兌關係並未紊亂之時，中國之匯率，亦受銀價之支配。銀價之上落，往往與中國之利害相反。不論中國如何，任何人有銀出售者，均有壓低銀匯之潛勢力。任何人有金購進者，亦有此同樣之勢力。而售金與購銀者，則有提高銀匯價之勢力。中國之對外匯率，卽因此輩之一售一購而決定。最近數年，則復受各國貨幣貶值之擾亂，簡直使向來金銀之平價，亦爲之破壞。於是中國貨幣在國際市場上之價值，不獨爲金價銀價所左右，且進而受各國幣制政策之影響焉。

銀匯價與國際收支平衡

中國之對外匯價，既無術安定。因之而中國國際收支之平衡如何維持，其出入款如何調劑，頓爲困難之問題。中國既獨爲銀本位國，其與世界金融市場間又無密切之聯絡，故銀價漲跌以後，中國所以順應調劑之道，亦與平常金本位國有異。如前所述，兩金本位國間之匯率，不能有巨大之差異。因彼此俱繫其幣值於金。如舟之共繫於一樁。樁而浮動，則諸舟均動，不能其中之一舟獨動。如任何一國，因暫時之原因，（例如年歲荒歉而出口驟減，或進口驟增，或因代募資本而匯款流出，或因短期債務猝被收回。）以致某一時期之收支平衡，偶然失諧，匯率逆轉。則最天然最順利之第一步辦法，卽係提高貼現率。利率高則短期資本之流出可以停止。而他處之短期資金反有流入之望。因此國際收支暫時之失調，可不俟現金之流動，而重歸平衡。故在平常時期國際間短期資金之流動，可善用之以爲金本位國間恢復收支平衡之助（惟在近數年來，則因金本位制運用之不善，而國際短期資金之流動，反成爲擾亂金融市場之禍胎。）如一國之收支平衡，根本上有失諧處。其生產成本物價勞動效率與生活程度，比之他國有顯著之畸狀。則根本挽救之方，固唯有從物價及貿易上著手。在完善之金本位制度下，則挽救之道，藉現金之自動出入爲先導。金出口國之幣值漲而物價落。金進口國幣值賤而物價漲。如不以人爲之方法干涉經濟原則之運用，則金出口國之出口貨物增，而金進口國之進口貨物增。金出口國之收入增加，而金進口國之支出增加，使彼此之間，復趨於平，而大量之金出口自可避免。

故在完善之金本位國間短期之失諧，有短期救濟之方法。長期之失諧，有根本挽救之方法。機能完備。僅須金融當局正確運用。勿以短期借債挽救根本缺陷，致使物價工資之錯誤，不得及時糾正，而反更累積。亦勿以根本治療之藥，醫治短期之失諧，致使貿易生產之自然發展，遭受無謂之紛擾。但在中國，則此種機能，完全不同。在金銀異本位國間，短期資金之流動，事實上幾不可能。銀匯之升降，或達百分之三十。中國之利率雖高，亦決不能抵消匯兌漲落之風險，而保證短期資金債權人之利益。中國銀行組織，未臻發達，東西洋金融市場關係疎懈，亦可謂爲阻礙短期資金流通之原因。但縱令此等關係，可以設法改良，而銀匯率既無法可求安定，則短期放債近於投機賭博。國際市場上流通之短期資金，大概爲最膽怯之資金。自不肯流入中國。

物價組織，在金本位國間最後感受變動，且僅於收支平衡有根本錯誤時始需變動。而在中國則以物價組織爲第一道防線（註二）匯率變遷之第一名犧牲者卽爲物價。且無論匯率之變遷係由於長期或短期之原因，或由於銀價之升降，總是如此。匯價變動物價變動而後國際貿易價值變動而後收支平衡變動。現銀亦可以出入。當其出入時，對於中國金融市場，亦可發生影響而牽動及於物價。但對於對手國之不以銀爲本位者，並不發生影響，故銀出入之影響係單方面的。不比金出入之對於輸出輸入兩國之物價均有影響。因之其運用之力量，亦復遠遜。且中國既無所謂暫時救急之方案。縱令匯價之變遷由於極暫時之原因，亦惟有任令物價之變遷。且銀匯之變遷，由於銀價者實多。銀價漲跌既驟，又無術可以預料。故每次因銀價漲跌而致匯率升降時，中國實亦無法可以預期其匯率變遷之爲久爲暫。同時其生產成本與物價，其生活程度與勞動效率，卻不能不因匯價變遷之故而牽動，此種調節之關係，一方既涉及物價與成本，他方復涉及工資與效率，欲待其完滿調整，自非經較長之時間不可。中國經濟組織頗爲僵硬，缺乏隨宜調整之伸縮性。因大多數民衆，均極困窮。故不能容忍任何嚴酷之改革，使困窮之至，無以爲生。而國際間之現勢，則自歐戰以後，經濟的國家主義勃興，種種限制，方興未艾。對於自然調整之進行，更多阻礙。其增加中國之困難也無疑。

銀價變遷之儀態，對於中國之關係極巨。如不以幻想爲可笑，則安定之銀價，一方與金價永久平衡，一方又與世界物價永久平衡，自爲最滿意之辦法。銀價之升降如係和緩，或不致大大牽動中國之國際經濟關係，而國內物價與成本之細小之調整，或亦並非十分困難之事。銀價之升降如太急太巨，則調整之困難明甚。（註三）如銀價之變動（例如跌）由於金價之漲（假定各國仍用金本位，亦並無商業衰沈之事）則銀匯在國際間之購買力可以不致下跌。中國之出口貨，或亦不致衰落。而中國之國際經濟關係，亦不致有根本上之變動。如銀價之跌，全因世界經濟衰沈之故，其跌落之程度及速率亦並不與物價之跌落發生差異，則銀匯國際間之購買力亦可不變，而中國當前之問題，亦純屬一經濟衰沈之問題。如銀價之跌，純屬於銀之自己的原因，而與物價平準無關。則銀匯平價發生變遷，有類於紙本位國之貨幣澎漲。如平價經一度變遷後，逐得安定。則中國當能逐漸改變其國內生產及國際貿易，減少支出，增加收入，以期復臻平衡。如世界各國，不深溝高壘阻礙中國之輸出，則此種調節之過程，雖極遲緩而困難，尚非不可能之事。如平價經一度變遷後，再有二度三度無數度之變遷，上落不定，又驟又巨，則中國之物價成本，決不能以同樣之速率，追隨上下，而調整之工作，殆將失敗。一九三〇年以後銀價之變遷，係各種原因混合而成，且上落極大。故中國所遇之調整工作至爲艱難，而大受挫折，其詳於下章論之。

（註一）G. Cassel 教授 Money and Foreign Exchange after 1914.

（註二）戰後奧法兩國物價所受匯價之影響可參閱 J. W. de Bordes, The Austrian Crown 及 E. L. Dulles, The French Franc, 1914-1928

（註三）參閱 J. W. Angell, The Theory of International Prices, p.p. 420 and 422.

第三章　銀價變遷與進口貿易

通常以爲銀價跌落，阻礙中國進口貿易。銀價上升，刺激中國進口貿易。其言自非無理。進口物價格與進口物價值及進口物數量間，有相當關係。但僅以銀價上下爲進口貿易增減之原因，則似嫌未妥。國際貿易之收付，平常係藉匯市爲媒介。僅一國間之最後清算額，始以現銀爲支付工具。故與其直接以銀價上下爲貿易加減之原因，不如以匯價爲妥。且自各國停止金本位後，銀價與匯價，已不盡一致，故尤不能以銀價代匯價。

銀匯價與進口物價之關係

銀匯上落，即爲中國貨幣國際購買力之上落，亦即爲進口貨物價格以中國貨幣衡量之上落。但進口貨物價格，亦可因世界物價變動而上落。中國進口物價，係外國物價與中國匯價各自變動之結果。下降之銀匯與上升之世界物價，均使中國進口物價漲。反之，上漲之銀匯與下降之世界物價，均使中國之進口物價落。茲以上海國定稅則委員會所編一九二六至一九三三年之上海進口物價指數，及南開大學經濟研

第　六　表

上海進口物價，上海外國匯兌及世界躉售物價指數變遷表

指　數	1926	1927	1928	1929	1930	1931	1932	1933
上海進口物價 (1926=100)	100.0	107.3	102.6	107.7	126.7	150.2	140.2	132.3
上海外匯 (1930=100)	59.34	66.32	64.29	69.02	100.0	131.93	104.35	81.6
外匯倒數	168	151	156	145	100	76	96	123
世界躉售物價 (1913=100)	163	156	155	150	129	109	103	105
對上年增減百分數								
上海進口物價	—	−17	−4	+5	+18	+19	−7	−6
上海外匯倒數	—	−10	+3	−7	−31	−24	+26	+28
世界躉售物價	—	−4	−0.5	−3	−14	−16	−6	+2

究所所編之同時期上海外匯指數，及同時期英美日三國躉售物價，以其所佔中國進口價值百分數爲權重之加權平均指數，列爲第六表。且爲便於比較起見，復將每年漲落百分數附列表中。（讀者對於以指數表示物價之缺陷，或已明瞭。所謂世界物價平準者，其觀念極不明確。各國有各國之物價，各物有各物之物價，無所謂整個之世界物價。此處係用英美日三國躉售物價代表世界物價。因此三國佔中國進口總值之半數也。嚴格言之，應以各該國對中國輸出品之輸出物價爲根據，比躉售物價更爲合理。但無此材料，故以躉售物價代用。）

於是我人當問此數年內上海進口物價之漲落，究因銀匯之上下，抑因世界物價之上落乎。從第六表中，約略比較，即可明白。例如自一九三〇至一九三一年，進口物價指數上漲百分之十九，銀匯跌落百分之二十四，國外物價跌落百分之十六。進口物價處於兩者之間，因匯價之跌使其漲而國外物價之跌使其降也。如求其淨聯及複聯係數，則其結果如下：

進口物價　（一）與匯價　（二）之淨聯係數〔國外物價（三）不動〕　$\gamma_{12\cdot3} = -.896$

進口物價　（一）與國外物價（三）之淨聯係數〔匯價（二）不動〕　$\gamma_{13\cdot2} = -.71$

進口物價與匯價之關係，極爲明顯。既高又負。銀匯降則進口物價漲，反之則跌。進口物價與國外物價間竟亦爲負關係，即國外物價與進口物價之上落相反。此與理論所期不合。可知此時期內上海進口物價幾全

受匯價上落之支配，而國外物價變遷之力量，則全被匯價所沖消也。（註一）

進口物價(一)與匯價(二)及國外物價(三)之複聯係數爲　$R_{1.23}=.973$

（各係數均以逐年變遷之百分數爲根據而算出。因我人之目的，在於尋覓其短時期內起伏之異同，而不在其商業循環之變化也。）

進口物價與進口物量之關係

進口物價究與進口物量有若干關係？近年以來變遷異常，或不足爲一般根據。玆試以近二十年之貿易爲根據。一國所能輸入之外國貨物，其數量多少，自以該國所有之購買力總額爲斷。進口物價上下，僅爲影響進口物量諸原因之一因。但如一國之進口貨具有相當伸縮性，則物價與物量，亦應有相當關係。關稅稅率變動，在外國爲影響輸入數量之大原因，但在一九三三年以前之中國，則並非十分重要。關稅自主僅屬最近之事，且有名無實。一九三三年五月之稅率，較多自主之成分，然不及年半，終於一九三四年七月被迫取消。一九三三年以前，稅率及於進口物量之影響，可謂極微。僅改收金單位，有維持稅款之功，使不隨銀價而跌落。無形中近於增稅耳。

自一九一三至一九三一年進口物價與進口物量之相關係數爲 $\gamma=-.709\pm.077$。（根據對趨勢線百分比算出資料見第七表。）再用回歸方程式（Equation of Regression）計算進口物價每一單位之變動，對於進口物量有負○・五一單位之連帶變動。其方程式為 $y = -.51x$（y代表物價，x代表物量。）換言之，即平常進口物價跌落（或上升）一成，則進口物量增加（或減少）○・五一成。從一九一三至一九三一年之經驗觀之，似在長時期間中國對於進口貨物之需要，尚非絕無伸縮。

進口物價及物量與進口物值之關係

進口物值為物價與物量之乘積。如物價與物量有一變動，則為其乘積之物值，自亦因之而變動。物價物量增漲，則物值漲。反之則減。但通常物價與物量常向相反方向發展。物價減則物量增。物價漲則物量減。故物值之漲跌，自亦視物價物量之變動孰為有力而決定。進口物價物量，物值，及其對於趨勢線之百分比（一九一三至一九三一年）均載第七表中。進口物值（一）與進口物價（二）間之淨聯係數（進口物量（三）不動）為 $r_{12\cdot3} = .44$。進口物值（一）與進口物量（三）間之淨聯係數（進口物價（二）不動）為 $r_{13\cdot2} = .733$。其複聯係數為 $R_{1\cdot23} = .753$。從此二十年之經驗觀之，進口物值之變動，似以與物量增減之關係為密切。

第七表

中國進口物值，物價，物量指數及對趨勢線百分差表

年份	進口物值		進口物價		進口物量	
	百萬關平銀	百分差	指數	百分差	指數	百分差
1913	570.2	+38	100.0	−8	100.0	+18
1914	569.2	+22	108.9	−3	91.6	+5
1915	454.5	−12	113.0	−3	70.3	−21
1916	516.4	−9	122.4	+2	73.7	−19
1917	549.5	−11	131.0	+5	73.4	−21
1918	554.9	−17	147.0	+15	66.1	−30
1919	647.0	−11	150.2	+13	75.4	−22
1920	762.2	−2	175.7	+28	75.9	−24
1921	906.1	+10	167.4	+19	94.7	−7
1922	945.0	+7	146.8	+1	112.6	+8
1923	923.4	−1	148.7	−1	108.5	+2
1924	1018.2	+4	148.8	−4	119.6	+10
1925	947.9	−9	151.0	−5	109.9	−1
1926	1124.2	+3	150 8	−8	130.7	+15
1927	1012.9	−10	161.7	−4	109.9	−5
1928	1196.0	+1	159.1	−9	131 7	+11
1929	1265.8	+2	158.1	−12	140.1	+16
1930	1309.8	+1	174.7	−5	131.3	+7
1931	1433.5	+5	192.9	+2	130.1	+3

趨勢線如下：

進口物值　y=879+51.7x.(起點1922)

進口物價　y=65.23+2.216x.+.0472x.².1867−1929(起點1898)

進口物量　y=56,5+2.25x.+.051x.².1867−1929(起點1898)

進口物價與進口物量百分差係錄自南開大學經濟統計季刊第二卷第一〇五六頁

第 八 表

一九二九至一九三四年進口貿易變遷表

	1929	1930	1931	1932	1933	1934
進口物值(百萬元爲單位)						
連東三省在內	1972	2041	2233	1635(半年)	—	—
不連東三省在內	1604	1718	2002	1521	1346	1030
進口物值連環比數(以上年爲100)						
連東三省在內	100	103	109	—	—	—
不連東三省在內	100	107	116	76	89	78
進口物價指數連環比數	100	117	118	93	95	100
進口物量連環比數						
連東三省在內	100	88	92	—	—	—
不連東三省在內	100	92	98	82	94	78
以一九二九年爲基年之指數						
進口物價	100	117	139	130	123	123
進口物值						
連東三省在內	100	103	113	—	—	—
不連東三省在內	100	107	125	95	84	64
進口物量						
連東三省在內	100	88	81	—	—	—
不連東三省在內	100	92	90	74	69	52

一九二九至一九三四年之進口貿易

今可從過去二十年之經驗，以觀察最近銀價暴漲暴跌時期之進口貿易，茲試以每年之進口物價，物量，物值，均算出其對於上年增減之百分數，並算出其以一九二九年為基期之比數，而列其結果於第八表。觀表可見，進口物價從一九二九年至一九三一年上升百分之三十九。進口物量（東三省在內）於同時期內跌落百分之十九。東三省不在內僅跌落百分之十。即將進口物量之長期增加趨勢忽略不計，此三年內進口物量之減縮，亦似嫌略少。上文計算每一單位進口物價之變動，通常連帶有負○・五一單位進口物量之變動。今物價上升百分之三九，則物量應減少百分之二十。而此三年內僅減少百分之一九或百分之十。至於進口物值，則在一九三○年內上升百分之三。一九三一年內上升百分之九。亦與從前之經驗不合，因平常進口物值恆多隨物量之減少而減少也。一九三二年以後，進口物價轉而跌落。但進口物量與進口物值，則亦隨而跌落。中國於一九三○及一九三一年進口物價劇漲之時，似未能充分減少其進口之數量，以抵消進口物價高漲之影響，以致進口貨物之總價值反見增加。因調整作用遲鈍，故一九三二年一九三三年進口物價雖跌，而物量進口，並無增加。且幸因進口物價跌落物量不增之故，而一九三二及一九三三，一九三四各年之進口總價值亦克減少。如以一九二九年為一○○，則一九三一年之進口總價值（東三省不計）爲一二五，而一九三四年降至六四。其時進口物價比之一九二九年則爲一二三，而進口物量則爲五二。

自九一八及一二八事變以後，一九三二年之抵制日貨，最爲熱烈。一九三三年五月復有新稅則之施行。比較含有保護關稅之意味，而對於日貨之進口打擊尤大。如與一九三〇年相較。則一九三二年日貨進口價值減少百分之六六（東三省不計。）一九三三年又減少百分之四三。一九三三年美貨進口減少百分之二十九。英貨進口減少百分之十七。此兩年內，進口物價雖跌而進口物量與物值之不增，抵貨與關稅未始非重要原因之一端也。

各類進口貨物

以前均就整個進口貿易觀察。事實上各類貨物所受物價上落之影響決不一致。社會上對於進口貨物需要之伸縮性，亦決不相同。國定稅則委員會所編之各類進口物價指數（一九二九年至一九三三年）。可以與同時期內進口貨物之各類總價值（見第九表）相比較。（按中央研究院及國際貿易局先後有分類進口貨物價值統計。其分類方法，與國定稅則委員會之物價指數分類法，略有參差。稍加調整之後，縱不能完全相符，亦可大致適用）並可因此而算出各類貨物進口數量。玆將其結果，彙列於下。（一九二九

第　　九　　表

分類進口貨物價值及分類進口貨價指數表

	1929	1930	1931	1932	1933	1934	1929	1930	1931	1932	1933	1934
(1)分類進口貨物價值	（以百萬元爲單位）						（百　分　數）					
原料品												
烟類	37	45	48	22	15	17	1.9	2.2	2.2	1.4	1.1	1.7
紡織原料類	173	235	280	189	103	99	8.8	11.6	12.6	11.4	7.7	9.5
燃料類	35	39	44	37	38	23	1.8	2.0	2.0	2.2	2.8	2.2
木材類	44	37	62	31	35	31	2.2	1.8	2.8	1.9	2.6	3.0
皮類	2	2	1	—	—	—						
礦砂類	—	—	—	—	—	—						
總計	291	358	435	279	191	170	14.7	17.6	19.6	16.9	14.2	16.4
生產品												
油及種子類	13	14	17	19	29	18	0.7	0.7	0.8	1.1	2.1	1.7
機器類	53	74	80	52	43	60	2.7	3.6	3.6	3.1	3.2	5.8
五金類	112	119	147	103	107	108	5.7	5.8	6.6	6.3	7.9	10.5
化學工業品類	117	120	135	101	90	80	6.0	5.9	6.0	6.1	6.7	7.8
其他半製造品	35	38	53	25	27	12	1.8	1.9	2.4	1.5	2.0	1.1
總計	330	365	432	300	296	278	16.9	17.9	19.4	18.1	21.9	26.9
原料品及生產品共計	621	723	867	579	487	448	31.6	35.5	39.0	35.0	36.1	43.3
消費品												
食糧類	454	467	483	473	360	182	23.0	23.0	21.8	28.6	26.6	17.5
飲料類	16	17	17	9	4	4	0.8	0.8	0.8	0.5	0.3	0.4
烟類	37	45	48	22	15	16	1.9	2.2	2.2	1.4	1.1	1.5
燃料類	106	118	130	114	114	70	5.4	5.8	5.8	6.9	8 4	6.7
紡織品類	389	294	302	202	122	80	19.7	14.5	13.6	12.2	9.1	7.8
交通品類	60	65	61	42	47	50	3.0	3.2	2.7	2.5	3.5	4.8
電氣及煤氣品類	22	25	24	15	12	11	1.1	1.2	1.1	0.9	0.9	1.0
化學工業品類	117	120	135	101	90	80	6.0	5.9	6.0	6.1	6.7	7.8
其他製成品	114	109	107	63	47	57	5.8	5.3	4.8	3.8	3.5	5.5
雜類	34	54	49	35	52	38	1.7	2.6	2.2	2.1	3.8	3.7
總計	1349	1314	1356	1076	863	588	68.4	64.5	61.0	65.0	63.9	56.7
三類共計	1970	2037	2223	1655	1350	1036	100	100	100	100	100	100

	1929	1930	1931	1932	1933	1934
(2)分類進口物價指數						
原料品	120.3	141.6	153.5	131.2	123.8	118.9
生產品	110.6	128.1	160.2	153.7	152.6	147.1
消費品	102.0	120.7	145.7	140.1	130.0	133.3
總指數	107.7	126.7	150.2	140.2	132.3	132.1

年爲基年）（東三省貿易計至一九三一年六月爲止）

		一九三〇	一九三一	一九三二	一九三三	一九三四
原料品	進口物值	一二三	一四九	一〇四	六五	五九
	進口物價	一一八	一二八	一〇九	一〇三	一〇一
	進口物量	一〇四	一一六	九五	六三	五八
生產品	進口物值	一一一	一三一	九一	九〇	八四
	進口物價	一一六	一四五	一四〇	一三九	一三三
	進口物量	九五	九〇	六五	六五	六三
消費品	進口物值	九八	一〇一	八〇	六四	四四
	進口物價	一一八	一四二	一三七	一二七	一三一
	進口物量	八三	七一	五八	五〇	三四

一九三二及一九三三兩年，因東三省貿易數字無法算入，故其總額，不能與前數年直接比較。大概言之，一九三〇及一九三一兩年，原料品價格漲，而進口數量與進口價值俱增加。其他各類，則物價漲而物量減。其價值則均趨漲（只有一次例外。）該兩年內進口原料品之增加幾全因紡織原料品進口增加之故。紡織原料品進口之增加與紡織工業品進口之減少，恰恰相映。自是以後，各類進口數量，均趨減少，而消費

品之減少最甚。

如據第九表而觀察各類貨物進口價值對於總進口價值之百分數(此處縱將東三省貿易除外,亦不礙於比較)則原料品價值之成數於一九三〇及一九三一兩年爲漲而於後兩年爲跌。一九三四年復漲。生產品除一九三二年稍減外,餘均增加。兩者之總計於一九二九至一九三三期內爲對於進口總價值百分之三一·六,三五·五,三九·〇,三五·〇,三六·一及四三·三而消費品則佔百分之六八·四,六四·五,六一·〇,六五·〇,六三·九及五六·七。大概言之原料及生產品不論進口物價之上升或跌落比消費品之進口相形見增,僅於一九三二年則相形見絀。而一九三四年之增加尤多。消費品之降落,以紡織製品爲最劇。惟因紡織品花色繁多,故不克用簡單之指數表示其跌落程度。此外則煙酒類,電氣及煤氣用品類(包含無線電唱機等物)其他雜類工藝品(包含教育用具,家具器皿及其他通常享用品如燈如傘如化粧品等)於一九三二及一九三三兩年,均見減少。但食糧進口,則於一九三二及一九三三兩年所佔之進口成數極巨,一九三四年減少一半。食糧進口之忽多忽少爲消費品類進口所以相形增減之主要原因。如將食糧進口剔除不計則六年來消費品類進口之成數爲四五·四,四一·五,三九·二,三七·四,三七·三,及三九·二。其成數繼續下降,直至一九三四年始稍加增。

一九三〇及一九三一兩年,原料及生產品進口之增加,與消費品進口之減少,自爲國內工業發展之暗示。一九三二及一九三三兩年生產品進口之減少，及消費品內食糧進口之增加，則爲不許樂觀之徵象，對於食糧進口一節，有若干經濟學者，以爲食糧之進口，由於外國跌價競銷。中國本身，並不缺乏食糧。夫中國產品之有國際市場者（如米麥等）其價格不能自外於世界市場價格之影響，可以斷言。如外國糧食賤於國內，則洋米麥之進口，與國產米麥之跌價，均屬當然之事。究竟中國是否缺糧，殊難懸斷。內地因交通不便之故，對於世界市場之穀類貿易尙少關係。本國國內所產之米穀，其運出而消售於海岸市場者，平常不過百分之一。例如普通豐年之收穫量，全國產米估計爲八萬萬七千三百萬擔（合五千三百萬公噸。）而海關報告所載各口岸出入之國產米一九二五年僅四三六、三五五公噸，一九二四年僅四七二、七七三公噸。即將不經海關之糧食運輸估計加入，亦去總生產額甚遠。進口之洋米，雖屬甚巨。然比之國內全年生產及消費之數量，則亦僅百分之二·六。對於內地之米市場，似不能有十分嚴重之影響。年來通商口岸人口之增加，比之其附近各地糧食產量之增加爲速。外洋進口之食糧，大概供各口岸之消費。因地理上之方便，外洋進口之食糧，其運費反廉於國米。且能迅速如期運到。此等地方之糧食價格，自然緊隨國外價格之後。銀匯上升之後，外國米商或能以廉價排擠此等地域之本國米產，而使米價隨之跌落。尤以一九三二及一九三三年國米豐收時爲甚。如能以內地之食糧，接濟沿海各地，則截長補短，所仰給於洋米者或可減少。然而第一必須謀運輸暢通之道，保無供給不足之患，而後始可阻止洋米之入口。以號稱四千年之農業古國，而糧食不能自給，棉花不能自給。出口貨總數三分之二，均以之交換食糧與棉花。其爲病態，無可諱言。

（註一）按國外物價上落，即外國貨幣購買力之上落。而中國匯價上落，其中亦包含外國貨幣購買力上落之影響。似有重復。俟後當試重算。

第四章　銀價變遷與出口貿易

銀價變遷對中國出口貿易之關係，可分兩層觀察之。第一銀匯漲跌對於中國出口物價之影響如何。第二中國出口物價之漲跌，對於中國出口貨物數量及其總價值之影響又如何。出口物價有兩種：一種爲以銀幣表示之出口物價，此乃中國出售之價格。一種爲銀幣表示之出口物價折成進口國貨幣之物價，此乃外國購者所付之價格。當銀價及銀匯跌落（或上漲）之時，以外幣表示之中國出口物價必然跌落（或上漲）。因中國之出口貨價如不變，則將其折合爲外國貨幣之後，從進口國之眼光看，中國之出口貨價必係下降（或上升）。因此時之匯率表示比前較少之外國貨幣可以掉換較多之中國貨幣也。但銀價或銀匯變遷之時，以銀表示之中國出口貨價是否可以不受影響而不生變動，則較難確斷。至少兩者之間，並無直接關係可言。

銀匯價與出口物價

當銀匯跌落之時，中國出口商人，明知出口貨價，折合金幣之後，對於進口之外國，定屬較低，因之預料交易較多，而對於出口貨價，或將抬高，以期朋分銀匯跌落之利益，並以減除銀匯跌落後進口物價上漲之痛苦。因從其消費者之地位言，出口商人對於進口物價上漲之感覺固同也。反之，如銀匯上升，中國之出口物價，折合金幣後，將比以前爲高，因商業競爭之故，中國出口商，自不得不降跌其以銀表示之出口物價。根據上述理論，故國內生產者恆歡迎銀匯之下落，而疾視其上升。因銀匯落則國內物價可望其漲，銀匯漲則國內物價將觀其落也。

但銀匯上落，並非決定中國出口物價之唯一原因。世界物價平準之高下，及中國國內物價市場之組織，亦有相當關係。如生產成本不易伸縮。如出口價格，已極低下。出口商人，已無利益可圖。則銀匯雖漲，中國出口物價，或竟不能下落。生產者或寧蒙堆積存貨之損失，而不願輕易虧本廉售。同樣，如一種貨物在外國市場之價格其跌落之程度，與銀匯相仿。如運費及關稅等項（此等項目其終極負擔者，爲外國消費人，故必須一併計入）又不因銀匯之跌落而下降，或竟相形見漲。則銀匯雖落，以銀幣表示之中國出口物價，殆亦難以上升。且出口貨物，同時往往爲國內消費之貨物。故國內市場之供需關係，對於出口貨價，亦不無相當影響。

自一九二六年至一九三三年之上海出口物價指數（國定稅則委員會編）如下。

年份	指數	比上年加(+)減(-)
一九二六	100·0	
一九二七	一〇六·一	(+)六
一九二八	一〇四·五	(-)二
一九二九	一〇五·二	(+)一
一九三〇	一〇八·三	(+)三
一九三一	一〇七·五	(-)一
一九三二	九〇·四	(-)一六
一九三三	八二·〇	(-)九

如以每年出口物價指數之增減，與第六表所載世界物價及銀匯價之逐年加減數相比較，而求其相互關係。則一九二六至一九三三年出口物價（一）與銀匯價（二）間之淨聯係數〔世界物價（三）不動〕爲 $r_{12\cdot3}=-.962$（根據逐年漲落計算。）而出口物價與世界物價間之淨聯係數（銀匯價不動）爲 $r_{13\cdot2}=.893$。其複聯係數爲 $R_{1\cdot23}=.965$。出口物價之上下似與銀匯價之上下關係稍密，而與世界物價稍遜。匯價落則出口物價以金計而見落，以銀計而見漲。反之，銀匯漲則出口物價跌於銀而漲於金。

出口物價與出口物量

外國進口商之購買中國產品，既屬以外幣計算其成本，而不以銀幣計算。則出口物價對於出口貿易數量，如有影響，定以外幣計算之出口物價爲準。兩者間之關係應爲負。今可以銀幣表示之出口物價指數按逐年外匯指數，折合爲以外幣計算之出口物價指數，其詳列第十表。時期爲自一九一八年至一九三一年。該表中復列有出口貨物數量一欄。兩者之長期趨勢，均經算出除去。因之，求得之相關係數爲 $r=.286$。

第　十　表

年份	以銀幣表示之出口物價指數(1)(1913=100)	上海外匯指數(1)(1930=100)	以外幣表示之出口物價指數(基期移至1926年)	外幣出口物價指數對趨勢線之百分差(3)	出口貨物數量指數(1)(1913=100)	出口物量對趨勢線百分數(1)(2)
1918	114.5	40.02	111.0	−5.9	105.5	−6.8
1919	112.0	34.91	124.3	9.8	140.0	19.9
1920	112.9	37.02	118.1	7.0	119.3	−1.1
1921	117.6	58.08	78.6	−26.1	126.9	2.0
1922	124.7	55.55	87.2	−14.9	130.5	1.7
1923	136.3	58.41	90.5	−8.0	137.3	3.8
1924	141.2	52.77	103.8	9.5	136.6	0.2
1925	145.9	50.69	111.7	23.0	132.9	−5.5
1926	152.8	59.34	100.0	15.0	141.1	−2.6
1927	148.9	66.32	87.2	5.0	154.1	3.3
1928	158.4	64.29	95.5	20.0	156.1	1.6
1929	169.8	69.02	89.4	18.5	148.9	−5.8
1930	170.4	100.00	66.2	−7.5	130.8	−19.3
1931	166.3	131.93	49.0	−27.5	136.2	−18.6
1932	144.6	104.35	49.4	−22.5		

來源　1. 南開經濟學院經濟統計季刊

2. 南開經濟學院所求得之出口貨物數量趨勢線爲

$y=58.8+1.84x+.044x^2$(時期爲1867－1929．起點爲1898)

3. 以外幣表示之出口貨價其趨勢線爲

$y=90.8-3.87x$(時期爲1918－1932．起點爲1925)

其或然差爲 ±.165。係數低而且正，或然差又高，似無何等關聯可尋。（註一）（如以同時期內銀幣表示之出口物價指數與出口貨物數量求得之相關係數爲 $\gamma = -.478 \pm .1185$。其關係之趨勢尙屬相符。即物價跌則出口加，物價漲則出口減也。）以外幣表示之出口物價何以與出口貨物數量之關係，不能適合吾人之預料，其故亦非難明。以銀計算之中國出口物價，即按匯率，折成外幣，亦非外國消費者最終所付之物價。進出口稅，運費保險費，及其他種種商務費用，必須一併計入。此等費用，大概均以外幣計算。且多數均係固定不變，至少決不能隨物價上落而加減。中國之出口貨，大多爲原料品及半製品。價值廉而體積大。故關稅及他種費用之負擔，殆佔外國市場上各該貨物銷售價格之重要部份。（例如一九三三年海關發表之華洋貿易報告，即有一節述及海運費對於中國出口貨價之重要。以爲不將運費減低，則許多中國出口貨不能在外銷售。是年份各輪船公司亦均減低水脚等語。並列舉各種減低之水脚。例如其所舉大宗豆油之水脚費原爲每噸五十四仙令，後減爲三十六仙令。上海之豆油價約爲每擔十二元，約略等於每噸二百四十元，或每噸十五金鎊。運費三十六仙令，實等於售價百分之十二。如按五十四仙令計算，則約合百分之十八。通常出口稅爲百分之七・五，另加附加稅等，總共約爲百分之八・五）假如進出口稅及水脚等種種費用，佔中國出口貨在外國市場價格三分之一。假如該市場之物價今忽跌落三分之二，則中國之出口貨除完全白送外，決不能再在該市場消售。因所售之價，乃僅及關稅水脚等費用也。即令銀價銀匯亦隨該市場之物價而跌落。然關稅運費等既不隨而跌落，則除非匯價之跌落，特別劇烈，足以抵消關稅等等相形增加之影響，中外物價平準，定然破裂。反之，如該市場物價上升三分之一。（假如銀匯亦隨之上升）假定關稅及其他費用不變。中國之出口物價，折成外幣，縱比以前之中國出口物價爲高，必反比該市場現在之市價爲低，故外國市場物價漲時，中國之出口貨反有增加之可能。而物價落時，出口貨反難增加。茲爲假設一例證明之。例如

外國市場某種貨物之價格爲　二〇〇
中國該貨物之價格折成外幣後爲　一〇〇
關稅及種種費用爲　一〇〇　共計二〇〇

假如物價與匯價一律漲高百分之五十。則
外國市場某種貨物之價格爲　三〇〇
中國該貨物之價格折成外幣後爲　一五〇
關稅及種種費用爲　一〇〇　共計二五〇

假如物價與匯價一律跌落百分之五十。則
外國市場某種貨物之價格爲　一〇〇

中國該貨物之價格折成外幣後爲	五〇
關稅及種種費用爲	一〇〇
共計	一五〇

尤有進者，中國貨物之出口，有賴於外國消費者之購買力及世界一般經濟狀況之繁盛。物價上漲，既爲經濟界繁盛之象徵。物價下落，既爲衰微之象徵。則中國出口數量於高物價之年反能增加，低物價之年反致減縮者，自亦非無故。

且中國之生產資本構成程度極低。人工生產多於機器生產。工資低廉，勉敷生活。捐稅苛重。運費昂貴。利息又高。故生產成本，不能多所改低。大量生產，自亦難能。而農林與畜牧之產量，又頗非人力所能臨時加減者。其出產數量，對於匯兌上落，既不能有相當關係。則其出口數量之不能與匯兌漲落保持相當關係者，自亦當然。

吾人之意。並非以爲普通理論所云「物價低則出口加，物價高則出口減」根本上有何錯誤。從其純理論上言之，此論固無可議。但必須備具別種條件耳。第一貨物出口國物價之變遷，須不爲進口國或其他有同樣商品競售國家之物價變遷所冲消。第二貿易必須相當自由。凱末爾教授（E. Kemmerer）證明從一八八四——五至一九〇一——二共十七年間，墨西哥之披索匯價，有十年係屬跌落。此十年內匯價與出口貨之相關係數既高且負。爲 $\gamma = -.867 \pm .0392$。與理論所期符合。（見教授所著 Modern

Currency Reform 一書）如以戰前墨西哥負而且高之相關係數，與戰後低而且正之中國相關係數比觀。則戰前戰後，貿易狀況之不同，亦可思過半矣。

一九二九至一九三四年之出口貿易

今以一九二九至一九三四年之出口貿易更詳論之。此時期內之出口貨物價值計為（以百萬元為單位：）

年份		一九二九	一九三〇	一九三一	一九三二	一九三三	一九三四
連東三省在內	實值	一五八二	一三九四	一四一七			
	比數	一〇〇	八八	九〇			
不連東三省在內	實值	一〇七一	九四四	九一五	五八一	六一二	五三五
	比數	一〇〇	八八	八五	五四	五七	五〇

如以各該年之出口指數折算，而求其出口貨物數量指數，則其結果如下：

年份	一九二九	一九三〇	一九三一	一九三二	一九三三	一九三四
連東三省	一〇〇	八六	八八			
不連東三省	一〇〇	八六	八三	六三	七三	七四

如將出口物價指數按各該年匯價指數折成外幣。則

年份	一九二九	一九三〇	一九三一	一九三二	一九三三	一九三四
	（以一九二九年爲一〇〇）					
上海外匯指數倒數（南開）	一〇〇	六九	五二	六六	八五	八九
出口物價指數（以外幣計算）	一〇〇	七一	五三	五四	六六	六一

一九三〇及一九三一年。外匯跌落出口物價指數，以銀計者堅。以金計者跌。以後三年。匯價上升。出口物價指數，以銀計者跌。以金計者堅。出口物量前四年減。後二年匯價雖漲，而出口物量反稍增加。出口物價絕對的上落，無論以金計，或以銀計，不足爲出口物量增減之原因。出口物量之增減，須視出口物價比世界物價平準之相對的高低爲斷。而稅率運費等種種費用，亦必須計入。外國購買者並不以中國物價比從前低廉而來購買。必須中國物價比本國及他國同類物價低廉始可。關於中外物價平準之高低俟後論之。

一九二七年以來，出口物價指數逐月上落，載第十一表。一九三〇年六月份之上漲，似屬心理作用。預期銀匯劇跌後，出口發達之故。不幸出口交易並不如預期之發達。故是年六月以後，雖一九三一年匯價連續大跌，而出口物價，終難上升。由此種經驗觀之，則一九三二及一九三三一九三四等年，除非匯價之跌落比之物價大爲劇烈，甚於一九三〇及一九三一年之情形，中國出口物價，或因心理上之刺激，而稍能上漲。

第十一表

上海出口物價逐月指數表

（上海國定稅則委員會編）

1926=100

月份＼年份	1927	1928	1929	1930	1931	1932	193[illegible]	1934
正月	105.8	102.5	103.4	106.4	103.2	99.8	87.5	71.8
二月	105.0	104.4	103.8	109.2	109.1	98.1	85.5	74.2
三月	106.5	105.3	104.2	108.7	109.9	96.4	84.7	71.3
四月	108.1	105.6	102.4	108.5	107.4	94.8	81.4	68.2
五月	108.5	106.7	104.5	106.8	111.3	94.7	84.3	69.7
六月	108.1	104.6	104.1	114.0	111.7	90.6	85 1	71.8
七月	107.5	105.3	105.5	116.8	109.8	88.7	86.2	70.9
八月	104.7	103.8	105.8	113.0	109.5	91.1	81.3	74.2
九月	106.0	102.9	108.2	110.4	108.4	88.9	79.6	71.5
十月	106.8	104.7	108.9	104.3	105.6	86.9	77.0	70.3
十一月	104.5	103.6	106.1	102.2	103.5	84.0	75.8	72.0
十二月	101.2	104.3	104.8	99.7	101.2	86.1	73.0	75.3
平均	106.1	104.5	105.2	108.3	107.5	90.4	82.0	71.7

否則銀匯縱不上升，出口物價，恐亦難以高漲。但一九三二及一九三三一九三四諸年匯價之劇烈上漲，對於出口物價，自有極大之壓力。世界物價既低。世界經濟衰沈尚未恢復。如以外幣計算之中國出口物價，因匯率上升之故，而被牽上升。以致高於世界物價平準。則以銀計之中國出口物價，自將被壓而跌落。今日中國之出口物價加以不可變動之種種關稅等費用，在外國出售之價格，似屬太高。如一九三五年之匯價續漲，或保持一九三四年之平準，則一九三五年之出口物價，殆將續跌，以期與世界物價追求平衡。但農產品及工業原料品之價格，在此次世界經濟衰沈過程中，其跌落最重而又最早。中國之出口品，已久在極低之平準下。其生產條件，又十分不易伸縮。物價收縮之困難，蓋可預料。

各類出口貨物

據國定稅則委員會所編之上海出口物價指數，最近五年之指數如下。（一九二六等於一〇〇）

年份	一九二九	一九三〇	一九三一	一九三二	一九三三	一九三四
原料品	一〇七·五	一一三·八	一一〇·六	九五·六	八八·二	八〇·七
生產品	一〇三·六	一〇二·六	九六·一	七三·一	六七·五	五二·二
消費品	一〇二·〇	一〇四·〇	一一七·六	一〇四·五	八九·三	八〇·三
總指數	一〇五·二	一〇八·三	一〇七·五	九〇·四	八二·〇	七一·七

原料品價格以一九三〇年爲最高。消費品以一九三一年爲最高。生產品則始終下降。茲可仿照進口貿易之法，以分類出口物量與分類出口物價相比較。仍以國際貿易局之統計，酌爲改編，而求其各類出口貨物總價值。詳見十二表。茲分列其總結果如下：（東三省貿易計至一九三二年六月份爲止）可見一九三〇及一九三一兩年出口物價勉強維持，出口數量着着下降。一九三二年以東省貿易被奪關係，不能比較。但最近兩年，則出口數量，尚屬不惡。僅物價則繼續下降耳。

年份		一九三〇	一九三一	一九三二	一九三三	一九三四
（以上年爲一〇〇）						
原料品	出口物值	八八	九四	五四	七三	九〇
	出口物價	一〇六	九七	八七	九三	九二
	出口物量	八三	九七	六二	七九	九七
生產品	出口物值	九四	九三	四八	一一三	七九
	出口物價	九九	九四	七六	九二	七八
	出口物量	九五	九九	六三	一二三	一〇一
消費品	出口物值	八五	一〇一	五八	八七	九五
	出口物價	一〇二	一〇七	九四	八五	九〇
	出口物量	八三	九四	六二	一〇二	一〇五

第十二表　分類中國出口貨物價值表

1929－1933

	價值（以百萬元爲單位）						百分數					
	1929	1930	1931	1932	1933	1934	1929	1930	1931	1932	1933	1934
原料品												
食糧	316	270	278	154	79	71	20.0	19.3	20 8	21.5	12.9	13.3
烟葉	26	19	15	6	7	9	1.6	1.5	1.1	0.9	1.1	1.7
紡織原料	122	95	82	48	63	53	7.7	6.8	6.1	6.7	10.2	10.0
燃料	50	45	.	21	7	8	3.2	3.2	.	2.9	1.0	1.5
木材	26	18	10	3	1	1	1.6	1.3	0.7	0.4	0.2	0.2
皮	21	12	13	5	6	6	1.3	0.9	1.0	0.7	1.0	1.0
礦砂	12	13	10	4	6	10	0.7	1.0	0.7	0.6	1.0	1.8
種子及油	38	41	39	17	16	15	2.4	2.9	2.9	2.4	2.9	2,8
五金	40	38	29	16	26	21	2.5	2.7	2.1	2.2	4.3	4.0
其他原料	137	139	175	78	44	36	8.7	10.0	13.1	10.9	7.1	6.8
總計	788	690	651	352	255	230	49.7	49.6	48.5	49.2	41.7	43.1
生產品												
種子及油	74	112	78	33	33	30	4.7	8.0	5.8	4.6	5.3	5.6
紡織品	274	216	226	112	132	91	17.3	15.4	16.9	15.6	21.5	17.0
機器	.	.	.	.	.	.	.	.	.	.	.	.
總計	348	328	304	145	165	121	22.0	23.4	22.7	20.2	26.8	22.6
原料品及生產品共計	1136	1018	955	497	420	351	71.7	73.0	71.2	69.4	68.5	65.7
消費品												
食糧	158	136	140	79	39	35	10.0	9.7	10.4	11.0	6.4	6.6
飲料	66	42	52	36	35	37	4.3	3.0	3.9	5.0	5.7	7.0
紡織品	92	72	75	37	44	30	5.9	5.2	6.1	5.1	7.2	5.7
交通器具	.	.	.	.	.	.	.	.	.	.	.	.
電氣煤器用具	1	1	1	1	1	1	.	.	.	0.1	0.1	.
化學工藝品	70	63	64	40	46	43	4.4	4.5	4.8	5.6	7.6	8.1
其他製成品	48	51	37	17	21	32	3.0	3.6	2.7	2.4	3.5	6.0
雜類	12	13	12	10	7	5	0,7	1.0	0.9	1.4	1.0	0.9
總計	447	378	381	220	193	183	28.3	27.0	28.8	30.6	31.5	34.3
三類總計	1583	1396	1336	717	613	534	100.0	100.0	100.0	100.0	100.0	100.0

如以各類出口價值所占總出口價值之百分數相比較，則自東省被奪以後，原料品之輸出，其價值，其成數，均大減少。生產品在前四年尙佳，至一九三三年，則頗有進步。消費品之出口，在一九三二、一九三三及一九三四諸年，價值雖減，成數卻增。

（註一）E. L. Dulles 博士研究法國匯價與出口貨物之結果，其結論亦略同，見博士所著 The French Franc, 1914-1928, P. P. 282 and 283.

第五章　銀價變遷與國際貿易率(Barter terms of trade)及貿易平衡

以上各章，係將進口與出口貿易，分別觀察。但兩者之間，實有相互關係。今於此章論之相互關係，可分三方面觀察。（一）進口物價與出口物價之關係，吾人稱之爲淨貿易率（Net barter terms of trade）。（二）進口物量與出口物量之關係，吾人稱之爲總貿易率（Gross barter terms of trade）。（三）進口貨物總價值與出口貨物總價值之關係，即通常所謂貿易平衡（Trade balance）。

淨貿易率總貿易率及其關係

所謂貿易，無非以一方之勞力，交換他方之勞力。無論其爲上古社會之物物交易，抑爲近代之新式商業，無論其爲國內貿易，抑爲國際貿易，其精神終不因貨幣匯兌等等交易之參加而改動。一國之進口貨必以出口貨交付之。苟欲能進口，必需能出口。因能出口而後有可以購買進口貨之力量也。一國進口物價與出口物價之比例，即爲該國購買力之反映。如出口物價比進口物價相形見漲，則一單位出口貨，必能交換較多進口貨。反是，則一單位進口貨，必須用較多出口貨爲償付。通常以較少出口貨易較多進口貨爲貿易率有利。以較多出口貨易較少進口貨爲不利。貿易率一名詞原爲馬夏爾教授在 Prof. A. Marshall: Money, Credit and Commerce 一書中所倡。陶西葛教授 (Prof. F. W. Taussig) 復分之爲淨貿易率及總貿易率。依陶西葛教授之定義，所謂淨貿易率者，係僅指以貨易貨之交換比率而言。其以貨物之出入爲別種支付作用者，不計在內。(見教授所著 International Trade p.8) 故假定每年出入口貨物價值相等，則各出入口物價之漲跌，正表示出入口數量之變更。如出口物價跌，則出口貨物總價值所表示之出口貨物數量必較多。否則物價漲而數量少。僅憑出入口物價之上落，即可以觀察出入口物量之多少。其間之關係則爲負。出口物價低，出口數量多。進口物價高，進口數量少。是也。平常計算淨貿易率之方法，乃以出口物價除同時期之進口物價。所得之商表示出口物價相對的高低，表示交換一定數量(一〇〇)進口貨所必需支付之出口貨數量。南開經濟學院曾編有中國國際貿易率指數。其一九一三至一九三四年淨貿易率之指數如第十三表。例如一九二八年中國出口貨一〇〇・四可換進口貨一〇〇，一九二七年則須出口貨一〇八・六，一九三四年則須一四五・四。各數均以一九一三年爲根據，假定該兩年中外貨物係以相等價格貿易。事實上以相等價格交換之事，自不能存在。所以如此假定者，僅爲與前後各年比較之故。故表中數目，僅表示對於基年之上落，並非表示某一年度中國對於國際貿易之總利益分潤較多或較少之意。

第 十 三 表

一九一三年至一九三四年中國淨貿易率表

(1913=100)

年 份	進口物價指數(1)	出口物價指數(2)	淨貿易率 (3) $\frac{(1)}{(2)}$
1913	100.0	100.0	100.0
1914	108.9	105.4	103.3
1915	113.0	107.8	104.8
1916	122.4	117.0	104.6
1917	131.0	106.2	123.4
1918	147.0	114.5	128.1
1919	150.2	112.0	134.1
1920	175.7	112.9	155.6
1921	167.4	117.6	142.3
1922	146.8	124.7	117.7
1923	148.7	136.3	109.1
1924	148.8	141.2	105.4
1925	151.0	145.9	103.5
1926	150.8	152.8	98.7
1927	161.7	148.9	108.6
1928	159.1	158.4	100.4
1929	158.1	169.8	93.1
1930	174.7	170.4	102.5
1931	192.9	166.3	116.0
1932	180.1	140.0	128.6
1933	154.8	121.4	127.5
1934	154.5	106.3	145.4

來源:南開經濟學院經濟統計季刊及經濟周刊

第　十　四　表

一九一三至一九三四年中國總貿易率表

1913=100

年　份	進口物量指數(1)	出口物量指數(2)	總貿易率 (3) $\frac{(2)}{(1)}$
1913	100.0	100.0	100.0
1914	91.6	83.8	91.5
1915	70.3	96.5	137.1
1916	73.7	102.3	138.8
1917	73.4	108.3	147.5
1918	66.1	105.5	159.6
1919	75.4	140.0	185.7
1920	75.9	119.3	157.2
1921	94.7	126.9	134.0
1922	112.6	130.5	115.9
1923	108.5	137.3	126.5
1924	119.6	136.6	114.2
1925	109.9	132.9	120.9
1926	130.7	141.1	108.0
1927	109.9	154.1	140.2
1928	131.7	156.1	118.5
1929	140.1	148.9	106.3
1930	131.3	130.8	99.6
1931	130.1	136.2	104.7
1932	106.2	100.6	94.7
1933	99.2	124.7	125.7
1934	83.2	124.2	150.2

來源：南開經濟學院經濟統計季刊及經濟周刊

總貿易率則依陶西葛教授之定義爲全體出口貨與全體進口貨間之比例。其計算方法，係以進口貨物數量除出口貨物數量其所得之商，表示交換一〇〇單位進口物量所付之出口物量單位。其一九一三至一九三四年之總貿易率（依南開經濟學院之計算）見第十四表，表中所列一九三二年至一九三四年之數字，業加調整。使東三省貿易被奪之影響，對於前後比較不致妨礙。各數亦均以一九一三年爲基年。表示其前後各年之變遷，並不表示某一年度總貿易率之眞正有利與不利。

理論上淨貿易率與總貿易率應有相當正關係，如出口物價對於同一基年比之進口物價爲低，淨貿易率爲不利。交換一單位之進口貨必用較多出口貨方可。在此種情形下，進口貨自必減少，出口貨自必加多，而總貿易率亦爲不利，反之。出口物價如比進口物價較高，淨貿易率有利。則進口自多而出口自少，總貿易率自亦有利。除非一國之經濟組織太無伸縮之力，除非一國所有無形收支項目非常巨大，而國際貿易非常幼稚，否則淨貿易率因經濟勢力之自然作用，應與總貿易率保持相當正關係。茲試以同時變遷法(Method of Concurrent Deviations)求其相關係數，則一九一三至一九三三年淨貿易率與總貿易率之相關係數爲・五四八。大體似尙滿意。

然而一九二九至一九三四年之情形，則殊失常態。一九三二至一九三四年銀匯雖上升，然進口物價與出口物價間之差異，則並未因之減少，且反繼續擴大。以致中國之淨貿易率（即中國對外之購買力）

亦繼續不利。此五年內之淨貿易率指數，將基期遷至一九二九年後，如下所列：

年份	一九二九	一九三〇	一九三一	一九三二	一九三三	一九三四
依南開經濟學院指數算出	一〇〇	一一〇	一二五	一二八	一三七	一五六
依國定稅則委員會指數算出	一〇〇	一一四	一三六	一五〇	一五七	一八一

在第三章中，吾人曾謂一九三二及一九三三兩年進口物價雖落而進口數量未加，係由於抵貨及增加關稅之作用。今按淨貿易率觀之，則更見一九三二、一九三三及一九三四年進口物價之跌落，乃屬幻像。進口物價雖落，同時出口物價跌落更甚。遂使中國於對外貿易之時，比前更爲吃虧。進口貨最後終須以出口貨抵付，則中國之淨貿易率不利卽爲中國購買力減少，自然亦卽爲中國進口貨減少之原因。

然而此數年內，中國進口貨物數量雖有減少，而中國出口貨物數量則減少更多，以致中國國際貿易之總貿易率，非但表示中國出口貨不能相形增加，反表示進口貨之相形增加。僅於一九三三年，始見轉機。總貿易率之指數如將基期移至一九二九年則爲

年份	一九二九	一九三〇	一九三一	一九三二	一九三三	一九三四
南開指數	一〇〇	九四	九八	八九	一一八	一四一
依稅委會算出指數	一〇〇	九八	一〇八	八五	一〇六	一四二

除一九三三，三四兩年之總貿易率比之一九二九年，較爲不利外，其餘各年中國之出口貨物數量均比進口貨物數量，相形見縮。（只有一次例外）而同時之進口貨物價格則比出口價格相形見漲。此種現象，徵之向來之經驗，顯屬不合。因一九一三年以來之大概情形，係與此相反也。吾人在第二章中，曾述及一九二九年以後，銀價漲落原因之複雜。世界經濟之衰沈，國家主義之勃興，使自由貿易壽終正寢，而出口貨遂無法增加。同時銀匯跌落，又如此劇烈。進口貨物對於中國經濟生活，又如此重要，而不能迅速減少，故自進口物價與出口物價平準破裂以後之第五年，而中國之進口貨物數量始比出口爲少，總貿易率始入常軌，而見不利。此種情形，亦不獨中國爲然。一九三一年第一季，六個農產出口國之出口貨比之一九二九年之第一季，減少百分之五十二，而進口貨則僅減少百分之三十九。其情形正同。（見The Course and Phases of the World Economic Depression, P.92）

進出口貨價值及貿易平衡

中國之國際貿易，數十年來，常爲入超，從一九一三至一九三四，此二十二年中，一九一九年係入超最少之一年。是年入超爲關平銀一千六百萬兩。約合二千五百萬圓。入超最巨者爲一九三二年。是年度之入超額爲關平銀五萬萬五千七百萬兩。約合八萬萬六千七百萬元。因近年以來，淨貿易率對中國甚不利，而

第十五表

一九二九至一九三四年中國貨物入超額及出入口貨值百分比表

	1929	1930	1931	1932	1933	1934
連東三省						
進口物值(百萬元)	1972	2041	2233	1635(註)		
出口物值(百萬元)	1582	1394	1417	768		
入超值(百萬元)	390	646	816	867		
入超比數	100	166	210	222		
比例 $\frac{入口}{出口}$	124	147	157	213		
不連東三省						
進口物值(百萬元)	1604	1718	2002	1521	1346	1030
出口物值(百萬元)	1071	944	915	581	612	535
入超值(百萬元)	533	774	1087	941	734	495
入超比數	100	145	203	177	138	93
比例 $\frac{入口}{出口}$	150	182	220	262	219	193

(註)東三省國外貿易算至是年六月爲止

總貿易率未能隨之調整，故入超數額，幾於與年俱增。如以入口總價值算作出口總價值之百分比，其趨勢亦正同，詳見第十五表。從一九二九至一九三一年，銀匯跌落。中國之進口貨物入超額，從五萬萬三千三百萬元，增至十萬萬零八千七百萬元。但在其後銀匯上升期內，入超額則減少。一九三四年僅四萬萬九千五百萬元。比之一九二九年之入超額，已屬較少，但同時進出口貿易之總值跌落甚巨。一九三四年之總值僅及一九二九年之五六成。故入超數額，雖微微減少，並非情形鬆動之意。因入超額雖減而進出口價值所減更多也。故在一九二九年時，中國每購買進口貨一百二十四圓，其中一百元，係以出口國貨抵消，僅餘二十四元，須待其他無形收入項目抵沖。殆至一九三四年則進口貨一百九十三元中，中國僅能以出口貨抵消其一百元，尚有九十三元，須待別籌抵補。此其對於中國償付能力之壓迫，可想而知。中國之償付能力究屬如何，吾人當於下章討論中國之國際收支平衡。

今於未到下章之先，請爲一小結束。從一九二九年至一九三四年世界經濟衰沈及銀價跌落，以後重復上升此六年中，中國之進出口貨物數量，其相對之價格及價值指數有下列之變化：（一九二九年等於一〇〇）

指數	(1)進口物價	(2)出口物價	比例 $(\frac{1}{2})$	(1)進口物值	(2)出口物值	比例 $(\frac{1}{2})$	入超	(1)進口物量	(2)出口物量	比例 $(\frac{2}{1})$
一九三〇	一一七	一〇三	一一四	一〇三	八八	一一七	一六六	八八	八六	九八
一九三一	一二九	一〇二	一二六	一一三	九〇	一二六	二一〇	八一	八八	一〇八
一九三二	一三〇	八六	一五〇	九五	五四	一七六	三三三	七四	六三	八五
一九三三	一三三	七八	一五七	八四	五七	一四七	一八八	六九	七三	一〇六
一九三四	一三三	六八	一八一	六四	五〇	一二九	九三	五二	七四	一四二

今可與世界貿易額一爲比較依一九三三——三四年 World Economic Survey，其數如下:

年份	一九二九	一九三〇	一九三一	一九三二	一九三三	一九三四(第一季)
以金計之物價	一〇〇	八七	六九	五三	四七	四五
以金計之物值	一〇〇	八一	五八	三九	三五	三四
物量	一〇〇	九三	八四	七三	七五	七五

以各國之物價與物值混合計算其物量，統計上之缺陷，自所難免。如與中國相比，則進出口物量除一二次例外，均比世界爲少。中國進出口價值原以銀計。亦可與世界貿易價值相比。但須先按巴黎匯價折合金幣。

年份	一九二九	一九三〇	一九三一	一九三二	一九三三	一九三四
上海對巴黎匯率（每百元法郎數）	一〇六一	七六一	五六四	五四八	五二一	五一五
比數	一〇〇	七二	五三	五二	四九	四八
中國進口物值（以金計）	一〇〇	七四	六〇	五〇	四一	三一
中國出口物值（以金計）	一〇〇	六三	四七	二八	二八	二四

進口物值，除一九三〇及一九三四年外，均比世界貿易值之減縮爲少。而出口物值，則年年比世界貿易值減縮較多。

資本主義之生產制度，以物價爲運用之基礎。今可將中外物價平準比較之。先將中國之出口及躉售物價折成金幣。其數如下：

年份	一九二九	一九三〇	一九三一	一九三二	一九三三	一九三四
出口物價指數（以金計）	一〇〇	七四	五〇	四三	三八	三三
躉售物價指數（以金計）	一〇〇	七九	六四	五六	四八	四五

中國躉售物價指數中，本包含若干進口貨物。在一九三〇及一九三一兩年，比世界金物價低。在一九三二及一九三三兩年，則比世界金物價爲高。一九三四年又適相等。但如此比較，似嫌籠統。因國聯經濟股所算

之世界金物價，其中包含之國家，在世界貿易中，雖屬重要，而於對華貿易上，或無多大關係。與其用混合之世界物價比較，不如用各國之物價分別比較。茲以一九三四年三月（亦係國聯經濟股發表）為比較：

國名	金物價	國名	金物價
英國	二七·六	荷蘭	五三·○
日本	二八·○	意大利	五三·五
美國	三一·三	比利時	五五·○
阿根廷	三四·八	波蘭	五六·一
印度	三八·五	法國	六○·三
澳洲	四○·四	瑞士	六四·一
加拿大	四四·七	奧國	六五·八
紐絲綸	四五·一	德國	六六·七
荷屬東印度	四五·三	捷克	六九·六
瑞典	四五·四		
尤哥斯拉夫	四五·五		
中國	四六·八		

除繼續死守金本位之各國外，以金計之中國躉售物價，幾為各國中之最高者。其以金計之出口物價雖較低，但亦比對華貿易主要之三國英美日為高。一九三四年年終情形未見改善。據予估計其相對之地位如下：（一九二九年為一〇〇）

年份	法國	日本	英國	美國	印度	中國 躉售物價	中國 出口物價
一九三四年十一月躉售物價指數	五六	八二	七〇	七四	六三	九四	六八·五
各國貨幣以金計之價值	一〇〇	三五	六〇	五九·五	六〇	四七	四七
以金計之躉售物價指數	五六	二九	四二	四四	三八	四四	三二

上列數字，雖與國聯數字，略有不同。大約係因計算方法不同之故。自國聯所算一九三四年三月至年終。各國幣值及物價並無顯著之恢復，大約仍與年初相離不遠。尤有進者，則吾人所用之中國出口金物價指數。乃以銀物價折算而得。其中並未計及關稅運費等種種費用。外國進口關稅有時在值百抽百以上。種種費用，在物價跌落期內，大多相形見漲。故中國之出口物價，如按外國最後消費者所付之價格言，則高於世界躉售金物價無疑。何況農產品之跌價比任何商品爲甚。在農產品進口國，其國內農產品價格，雖經以種種方法維持於較高之地位。但此等國家，對於外國農產品之進口，恆故爲限制。農產品輸出國之貿易率，幾無不逆轉而不利者。據一九三三——三四年之 World Economic Survey 則一般農產輸出國之淨貿易率如下：（基年移至一九二九年以資比較。）

年份	一九三〇	一九三一	一九三二	一九三三	一九三四
阿根廷	一一二	一四九	一五二	·	·
澳洲	一二六	一五五	·	·	·
加拿大	一〇九	一一一	一二三	·	·
丹麥	一〇三	一一八	一四四	一三四	·
荷屬東印度	一三八	一五五	一六八	一三八	·

印度	一〇三	一〇四	一四一	·	·
紐絲綸	一二五	一六〇	一七三	一五八	·
中國（根據稅委會指數）	一一四	一三六	一五〇	一五七	一八一

中國與各國稍有不同者，即各國之淨貿易率於一九三〇及一九三一兩年跌落較重，而一九三三年稍有恢復。中國則初期跌落輕而後期跌落重。

各農業輸出國，雖無不感覺貿易價值減少，（註一）數量減少，貿易率亦不利。但中國與各國間物價平準之破裂，則使中國陷於進退失據之局面。外國進口貨在中國起岸之價格，如以銀幣計算，在一九三四年時，比之在一九二九年時，較本國物價所高甚多。同時，中國出口貨在外國市場起岸之價格，如以金幣計算，卻又比外國市場之物價爲高。如將外國進口貨價壓低，或將外國貨幣貶值，以期進口貨在中國境內可與中國貨價保持平衡。則中國出口貨在世界市場與世界物價之不平衡必愈甚。而中國之出口貿易固將盡絕。其進口貿易亦將告終。如設法將中國之物價壓低以求中國出口貨在世界市場上與世界物價保持平衡。則國內進出口貨之差異必愈甚。而進口之貨價將愈高，無論如何，兩者均非恢復平衡之道。

美國銀派議員。以爲提高銀價，可以提高中國之購買力。不知提高銀價，至多只能提高中國貨幣每一單位之購買力。而中國購買力之總額，能否因此提高，卻是另一問題。一九三〇及一九三一兩年，銀價劇跌，使中國之入超，增加甚多。進口數量，雖有減少，而未能抵消進口物價上升之損失。一九三二，一九三三，一九三四年之匯價雖見恢復，而中國之對外貿易率，則依然非常不利，中國每一出口商品之對外購買力，自亦未見增加。而出口商品之數量，則更見減少。故中國手頭所有對外購買力之總額，以其輸出總價值爲代表，（無形收入暫予不計）非但未因銀價之提高而增多，反較前大爲減少。如中外物價之差異，繼續擴大，中國之對外貿易率繼續不利，則中國殆無力向世界市場多購貨物。如以一九二九年爲平均之一年，而欲恢復是年之平衡，則一九三四年之進口物價指數，應降低百分之四十五。否則中國出口物價應擡高百分之八十一方可。究竟能否將銀價再提高如許，或將世界物價再壓低如許，以求中國市場上中外物價之平衡？即令提高銀價，或壓低物價尙屬可能，或事實上恢復平衡，無須相差如許。然世界物價之跌落，或銀價之漲高，豈不於他方面壓低中國之物價，因而擴大中外物價之差異。銀派議員之理論，實無是處。一九三二至一九三四諸年，銀價上升甚多，其同時所生之現象爲中國物價下落，中外物價差異擴大，及中國進口貨減少。事實昭然。

中國之生產成本既屬固定。如強欲壓低其物價，其害明甚。中國之出口物價以銀計算雖低，（一九三四年比一九二九年低百分之三十二）然以金計算比之世界物價，尙屬過高。如銀價再漲，或外國幣值再跌，則以金計算之中國物價將更高。如欲望中國能將其以銀計算之出口物價，再十分壓低以求平準，則中國之出口貿易，殆將不堪。

但從過去數年之經驗觀察銀匯劇烈跌落時，中國之進口貨總價值及入超總價值，均大爲增加。一九三〇年以來，銀價劇跌之影響，雖濟以近兩年來之回漲，抵貨及新關稅率之效力，猶需四年之久，而後進口數量之減少，始超過出口數量之減少。且進口數量經此減削以後，其再行減削之可能，必然更少。如銀匯再如一九三〇以來兩年之劇跌，則進口數量，總價值，及入超之調整，必然愈爲困難。且中國之出口物價，本有下落之趨勢，一九三〇及一九三一兩年銀匯之劇跌，雖不無羈勒之力，而僅屬短局，無濟大勢。銀匯之跌落，縱能再如一九三〇年之劇烈，恐亦未必能發生心理上之反動，而使物價上漲。即有上漲，恐亦僅係短局。凡貨幣貶值之國而欲圖出口競爭之利益者，無不設法防免其物價之高漲。如欲以貨幣貶值爲出口競爭之助，而又欲其同時盡擡高物價之效，則是子矛子盾者也。

如國際貿易可有相當自由，如海運往來並無歧遇，則一國之物價，不能在國內比進口物價爲低，而同時在國外又比外國物價爲高。兩者不可得兼。今中國之物價則偏有此矛盾之現象。推原其故，恐莫非由於各國關稅戰爭，進口定分匯兌管理，運費歧遇，及種種方法增加他國進口貨之售價而減低其本國貨售價之故，如此而欲國內外物價之平衡，勢所難能。此非物價之趨勢不能平衡，乃人之不欲其平衡也。如不能設法解放貿易之束縛，豁除種種限制，則平衡固不可能。

總而言之，中國今日在進退維谷之境。匯價上升可使其貿易平衡改善，但對於出口貿易則屬不利。匯價下落使入超增加，但對於出口貿易能否刺激尚屬疑問。利害相權。進口貿易之關係，或比出口貿易爲重大。因進口貿易價值平常達出口貿易價值之一倍。而又年年均有入超。故匯價跌落後出口貿易所得之利益，或不足償付消費社會對於高價進口之負擔也。

（註一）匯兌漲落不定，國際貿易必受妨礙可參閱 Sir Henry Strakosch Monetary Stability and Gold Standard, in "Selected Documents submitted to the Gold Delegation," League of Nations.

第六章　銀價變遷與中國國際收支

七十年來，中國之國際貿易，年年入超。入超之數，自必有其他無形勞務之輸出，可以抵補。惟中國國際之無形項目，究屬如何，迄無十分確切之計算。中國在過去時代，並無國外投資，自不能比英國之可恃利息收入為抵付。中國為債務國，非但並無利息收入，每年且須擔負鉅額之費用還本付息及償付賠款。且中國與美國及加拿大初期經濟發展時之情形又不同。並無常年可靠之大宗外國投資。外國投資在中國尚不發達。起借外債，雖有時亦達巨額。但並不常有，故不能藉之以抵付每年之入超。華僑匯款共推為無形收入之大宗。銀價變遷對於此等項目之影響，頗難推究。國際收支各項項目，大概均屬估計。且彼此估計，又頗不一律。國際收支之逐年數字，現僅有一九二八年，一九二九年，一九三〇年，一九三一年及一九三三年可考。前乎此者，僅為零星某年度之估計或某某數年度之平均估計，不能貫穿。一九二八等三年之估計，為雷穆教授於 Foreign Investments in China 一書所發表。一九三一年估計係日人士屋計左右發表。一九三三年係中國銀行發表。其間獨缺一九三二年。茲由予試為估計補入。並將各家估計項目不同之點，酌為歸併，以求一律。詳細數目，見第十六表至一九三四年估計，則時期尚早，猶無所聞。(註一)

第十六表　一九二八年至一九三三年中國國際借貸平衡表

（以百萬元爲單位）

	1928 支出	1928 收入	1929 支出	1929 收入	1930 支出	1930 收入	1931 支出	1931 收入	1932 支出	1932 收入	1933 支出	1933 收入
(1)												
商品出入	1794.0	1487.0	1898.7	1523.5	1964.6	1342.3	2141.3	1331.2	1635.0	768.0	1345.6	611.8
估計海關報告未列數	.	74.4	.	114.3	.	134.2	45.0	293.2	33.0	154.0	134.6	61.2
商品出入總計	1794.0	1561.4	1898.7	1637.8	1964.6	1476.5	2186.3	1624.4	1668.0	922.0	1480.2	673.0
(2)												
新投資額	.	100.0	.	190.0	.	210.0	.	42.0	.	60.0	.	30.0
舊投資收入匯出額	180.0	.	200.0	.	200.0	.	84.0	.	56.0	.	24.0	.
購進或售出證券	4.0	4.0	20.0	.	8.0	.	.	.	.	.	.	.
外國證券投資收入	.	1.0	.	1.5	.	2.0	.	54.6	.	5.0	.	5.0
外債還本付息	63.0	.	79.1	.	111.4	.	130.1	.	90.0	.	93.0	.
華僑匯款	.	250.6	.	280.7	.	316.3	.	346.5	.	327.0	.	200.0註
外國在華人員匯出之款	0.5	.	0.5	.	1.0	.	.	.	1.0	.	1.0	.
旅行及留學用費	6.0	30.0	6.0	30.0	8.0	40.0	16.8	38.6	8.0	10.0	.	10.0
使領費	4.4	30.0	4.4	32.0	5.0	38.0	42.0	37.8	10.0	38.0	6.0	30.0
保險及水腳	15.0	.	15 0	./	20.0	.	21.0	.	18.0	.	.	.
教會慈善匯款	.	25.0	.	30.0	.	40.0	.	75.6	.	45.0	.	50.0
駐華外兵費用	.	139.7	.	124.0	.	100.0	.	63.0	.	150.0	.	100.0
外國船舶修理費	.	.	.	.	.	.	.	42.0	.	36.0	.	25.0
影片租金	.	.	.	.	8.0	.	.	.	8.0	.	5.0	.
無形收支總計	272.9	580.3	325.0	688.2	361.4	746.3	293.9	695.1	191.0	671.0	129.0	450.0
(3)												
金出入(淨數)	9.1	.	.	3.0	.	24.9	.	82.2	.	109.0	.	69.4
金出入(私運)	.	.	.	.	.	22.5	.	121.8	.	96.0	.	120.0
金出入總計	9.1	.	.	3.0	.	47.4	.	204.0	.	205.0	.	189.4
(1)(2)(3)類共計	2076.0	2141.7	2223.7	2329.0	2326.0	2270.2	2480.2	2523.5	1859.0	1798.0	1609.2	1312.4
銀出入	159.6	.	158.7	.	100.5	.	67.7	.	.	10.4	.	14.4
未詳	.	93.9	.	53.4	.	156.3	.	24.4	.	50.6	.	282.4註
總結	2235.6	2235.6	2382.4	2382.4	2426.5	2426.5	2547.9	2547.9	1859.0	1859.0	1609.2	1609.2

註　此數後據中國銀行調查以爲應有四萬萬元歷年均經估低。據此則1933年之收支未詳數應減爲八千二百四十萬元

國際收支項目中，有形貿易，輸出入價值，均有海關貿易報告可據。但海關發表之數目，據一般意見，似嫌估價過低，而出口貨價爲甚。惟估低若干，各家意見不一。雷穆教授以爲在一九二八年及以前各年約估低百分之五。一九二九年估低百分之七·五。一九三〇年估低百分之十。上海 Capital & Trade 主筆則估計一九二五——二六年估低百分之十。士屋計左右則以爲一九三一年估低百分之二十。中國銀行又以一九三三年爲估低百分之十。予於一九三二年則從寬採士屋計左右之數。雷穆教授曾以中國出口貨物價值與十二國中國進口貨物價值相復核。發現中國關册輸出價值一百圓則外國關册於一九二八年時載爲進口一百三十七元七角。一九二九年爲一百五十二元八角。一九三〇年爲一百七十五元二角。雷穆教授並發覺銀價跌落則出口貨物價值之估低更甚。前章中討論出口貨物時，因各家對於出口貨價估低之意見不同，故一概暫置不論。今於討論國際收支平衡時，不能再將此點忽而不談。至於進口貨物價值，則因私運偷漏之多，關册所載亦有不盡完備之嫌。尤以近來華南香港澳門一帶，華北沿長城及戰區一帶，因政治上之困難，海關不便執行職權。故進口價值亦須酌予補足。茲列調整後之進出口貨物價值如下：

（以百萬元百單位）

年份	一九二八年	一九二九年	一九三〇年	一九三一年	一九三二年	一九三三年	一九三四年
進口	一七九四·〇	一八九八·七	一九六四·六	二一八六·三	一六六八·〇	一四八〇·二	一一三九·七

出口	一五六一·四	一六三七·八	一九七六·五	一六二四·四	九三一·〇	六七三·〇	五八九·三
入超	二三三·二	二六〇·九	四六八·一	五六一·九	七四六·〇	八〇七·二	五五〇·四

海外華僑之總數，估計約在九百萬至一千三百萬之間。但其中不無久居國外，與本國缺乏往來之人。雷穆教授估計海外華僑之匯款回國者，其人數約在三四百萬之間。此等僑民，或在礦場工作，或在農場工作，或作販買商人，或自己經營實業，或攜眷國外，或單身僑寓。其每年匯回本國之款項估計約在二萬萬五千萬至三萬萬五千萬元之間。其中一部分當係工人蓄積之工資。一部分當係營業之利益。或更有一部分係零星購買本國貨物之付款。惟因缺乏統計，不能詳細分析。其對於銀匯漲落之關係，亦難以究詰。華僑在海外所獲之收入，無論其爲工資或爲商業利益，當然均爲所在地之貨幣。如僑民僅留一部份收入維持生活，而將餘款悉數匯回本國。則每年匯回之數，將隨銀匯之漲跌而大有上落，若折合金款，反將無多上落。如僑民匯款，僅按國內家族親朋之需要，每年匯寄一定數量。則以銀計之匯款，或比折合金款較爲固定。依常理推測，僑民中之勞工部份，因智識較低，對於銀匯之漲跌，不能了解。故匯款之數，往往以自己能匯多少爲準。雖每人每年所匯之款極微，但因人數多，故亦不無可觀。此等匯款，銀匯跌則增多，銀匯漲則減少。至於攜眷異國之華僑，其與祖國之關係，自較疏遠。且因眷屬皆居國外則所需之生活費自較巨。如有盈羨，又不能不略事積蓄，以備不虞。且能攜眷生活國外者，大概皆係較富有之人，或係商人或係實業家。對於銀匯之上

落，皆所素習。明知銀匯跌時，少數之匯款，卽可於祖國得多數之銀款。故其匯回之數，對於銀匯上落，或較少響應之意。但或有僑民，因銀匯降落，匯款便宜，而將其積蓄之款，移植國內，購地置產，以備其晚年退休之娛者。或有僑民，因銀匯跌落，國內物價上升，應國內家族之需要，而加增匯款者。故銀匯漲落，亦不無增加此等匯款之可能。然僑民匯款，對於僑民本身進款之多少，實有關係。因之對於僑民所在地之經濟情形，亦有關係，如商業衰沈繼續不已，則非但匯回之款將減少，卽僑民在國外之生活亦將感受威脅，因而仍回本國。近年以來，各國失業增加，破產頻聞。禁止華工入口及排華風潮，各地亦時有所聞。亦有立法強制驅逐華工者。華僑回國之數，乃多於去國之數。據海關華洋貿易報告所載，一九三一年，從廈門汕頭瓊州等地往香港馬尼拉臺灣海峽殖民地荷屬印度西貢盤谷等地之華僑僅爲二〇〇〇二五八人。比一九三〇年減少百分之八十。一九三二年，出國華僑僅一三二三〇二八，比上年又減百分之三十四，而回國人數則達二七八九四四人。比去國之人多一倍。一九三三年去國一三四五三二八，回國二一四三五五人。回國之人仍比去國者爲多。回國之華僑，或攜帶若干匯款。暫時對於中國可作一種收入計算。但華僑一經回國，則國外之職業自必失去。縱令商業有復蘇之機會，所遺職業，必爲當地人民所塡補，而將來之匯款必見減少。據海關報告，一九三二年香港南洋各地華僑之匯款，僅得常年之什一。美洲僑民之匯款，亦復同此情形。中國銀行估計一九三一年之僑民匯款共達三萬萬四千六百萬元，而一九三三年則僅剩二萬萬元，南華一帶，商埠之向恃華僑匯款爲收入之大宗者，均迭次發生恐慌，金融異常緊澀。

外國商業投資，亦爲重要無形收入之一端但投資利益之匯出國外者，每年亦達巨數。據最近數年之估計，則新投資之可稱爲無形收入及舊投資利益之成爲無形支出而匯出者，約如下列各數。

（以百萬元爲單位）

年份	收入	支出	淨收入支出
一九二八年	一〇〇	一八〇	・八〇
一九二九年	一九〇	二〇〇	・一〇
一九三〇年	二一〇	二〇〇	・一〇
一九三一年	四二	八四	・四二
一九三二年	六〇	五六	・四
一九三三年	三〇	二四	・六
一九三四年	五	一七〇	・一六五

普通以爲外匯漲落無定，則投資人對於資本市場不生信用。故阻礙外國資本之輸進。一九〇三年墨西哥幣制分委員會報告稱外匯上漲以後，投資於墨西哥之資本家無法再將其資金收回因收回而匯爲金款，其損失極重也。但如不收回而匯出，則銀價日跌，投資之價值日縮，亦難坐視。（見凱末爾教授 Modern Currency Reform 四八六頁）（註一）此等情形，乃異本位國間當然之事。銀匯跌落，阻礙外國資本之輸入。因投資及還本如以債權國之貨幣爲準，（例如由債權國爲起債之國發行證券之類）則起債之國危險實大。還本付息之數或竟倍蓰於所借。如債款及還本係以債務國之貨幣爲準，（例如購買債務國

所發行之證券股票之類）則債權人收入之還本付息款，將來或竟少於所借。但銀匯跌落如比世界物價之跌落爲巨。因之中國之進口物價上漲而勞動成本下落。此時向中國輸入貨物困難必多。此時中國國內之生產業則又爲高物價所刺激而興旺。故此時亦正爲輸入資本最佳之時機。自一九三〇年銀價跌落及一九三三年關稅增高後，自外國移植中國之分廠，爲數頗不尠，尤以日籍廠商爲甚。而銀匯既趨下游，則從前之投資，自不宜於撤回。雖據雷穆教授之估計，一九二九及一九三〇兩年舊投資利息之匯出者，比之一九二八年尚多二千萬元。但銀匯跌落之時，原以金款投資之利息及紅利，自因銀匯之落而增加。匯出之數，亦應比例增加。然一九三〇年匯出之款並無增加，一九三一年反大減少。其中殆有應匯出之利息及紅利，因銀匯跌落匯出不利之故，而暫留中國者。據雷穆教授估計，外國在中國投資之總額爲三十二萬萬四千二百五十萬元美金（未貶價以前之估計。）其中百分之八十爲工商業投資，而僑寓中國之外商諒亦佔有相當部分。所餘百分之二十，係政府借款鐵路及各公團借款，大概均用金款支付。一九三二及一九三三兩年銀價上升。留款未匯者，對於銀價前途既抱上升之希望，乃愈不肯即時匯出。照一九二九年之商業情形，是年應匯出之款估計有二萬萬元。如假定以後各年商業情形並無上落。則因銀匯下降之故，匯出之款，自應增加。至少以金支付之款，如予匯出，應隨銀匯之落而增加。而事實上估計匯出之款，反見減少。故必有一部份暫留待機出匯之資本。此項觀望投機之資本，等於向國際資本市場融通之短期信用，隨時可以匯出增加中國匯市之風險。一九三四年美國提高銀價，中國之諸啄孔甚，屢有禁銀出口征收銀出口稅及脫離銀本位之謠傳。信用搖動，於是觀望投機之活存資金，一方受銀匯上漲之利誘，一方受中國行將禁運之威迫，一擁而出，造成空前之傾瀉，而予中國以莫大之危險。據耿愛德君估計，是年提出之數及資本逃避之數共達一萬萬五千萬元之巨。

當一九三〇年銀價跌落之時，國內資本家不知銀價之跌落，伊於胡底，亦有將資金改作金款投資者。當時頗引起社會聽聞。幸數目不巨。一九二八年爲四百萬元。一九二九年爲二千萬元。一九三〇年估計僅八萬元。一九三一及以後各年數目不詳。一九三四年大宗現銀外流時，亦有資本逃逸之事。但東西洋幣制本位不同，向之因此而不克融通國際資金者，今亦因之而得免資本之逃逸，其理同也。

政府所借外款之還本付息數額，自隨銀匯之落而增加。一九二八年計爲六千三百萬元。一九二九年爲七千九百十萬元。一九三〇年爲一萬萬一千一百四十萬元。一九三一年爲一萬萬三千零十萬元。一九三二年爲九千萬元。一九三三年爲九千三百萬元。一九三四年爲九千四百萬元。留學生及出洋游歷之費用，駐外使領館之費用（駐外使領於銀匯暴跌後曾由政府另給津貼）及在中國執業之洋員匯家之款項（海關於銀價跌落後卽發給銀價跌落之補助金，）則因銀匯之降而增加。中國人在外國證劵投資所得之利息，在華外國使領館費用，外人來華游歷費用則亦因銀匯跌落而增加。在華教會及慈善事業之費用，或亦因匯價之落而上升，但世界經濟之盛衰，恐大有關係。今當經濟衰沈之中，教會匯款或有減少。保險費水脚費船隻修理費等均與世界商業及航運情況相繫。一九二九年以後，中國時局平靖，駐華外兵有撤退者，故其費用當減少。但自九一八中日衝突以後，繼之以上海之戰，駐華外兵之費用必大增。此等項目之增減，對於銀價之上落，殆無多大關係。

國際收支之鳥瞰

綜上所述，中國一九二八年至一九三三年之無形收支，估計約如下列（以百萬元爲單位。）

年份	收入	支出	淨收入
一九二八	五八〇・三	二七二・九	三〇七・四
一九二九	六六八・二	三〇五・〇	三六三・二
一九三〇	七四六・三	三六一・四	三八四・九
一九三一	六九五・一	二九三・九	四〇一・二
一九三二	六七一・〇	一九一・〇	四八〇・〇
一九三三	四五〇・〇	一二九・〇	三二一・〇
一九三四	四五〇・〇	二六九・〇	一八一・〇

有形貿易淨入超額，以百萬元爲計算標準，則在此期內計爲：

一九二八	一九二九	一九三〇	一九三一	一九三二	一九三三	一九三四
二三二・六	二六〇・九	四八八・一	五六一・九	七四六・〇	八〇七・二	五五〇・四

現金現銀出入之數，依照通常辦法，未曾併入上項總額之內。但現金之在中國，猶之現銀之在外國，僅屬一種商品。故現金之輸出入自應作爲有形貿易出入之一部份，始爲合理，在上述間期內，現金淨出入額，亦以百萬元爲單位，其數如下：

年份	一九二八	一九二九	一九三〇	一九三一	一九三二	一九三三	一九三四
淨輸入	九·一	·	·	·	·	·	·
淨輸出	·	二·〇	四七·四	二〇四·〇	二〇五·〇	一八九·四	六六·二

將現金輸出入額，與有形貿易輸出入額併計。則近數年來之貨物淨入超額（以百萬元爲單位）計如下列：

一九二八	一九二九	一九三〇	一九三一	一九三二	一九三三	一九三四
二四一·七	二五七·九	四四〇·七	三五七·九	五四一·〇	六一七·八	四八四·二

貨物淨入超，在國際收支上屬於支出。如以貨物淨入超額與無形貿易淨收入額相較，則一九二八年以來各年中國國際收支平衡表（包括有形及無形貿易在內）之總結，約如下列（亦以百萬元爲單位）：

年份	一九二八年	一九二九年	一九三〇年	一九三一年	一九三二年	一九三三年	一九三四年
淨盈	六五·七	一〇五·三	·	四三·三	·	·	·
淨虧	·	·	五五·八（註）	·	六一·〇	二九六·八	三〇三·二

（註）一九三〇年之淨虧或因收入方面各項進款估計太少之故。是年度貨物輸出額之估低部分僅按百分之十計算。如按次年土屋計左右氏之法以百分之二十估計，則是年係屬淨盈八千八百四十萬元。與前後趨勢較爲相符。

據上表，除一九三〇年外，中國國際收支，在一九三一年以前，俱屬有餘。惟其所以能有餘者正爲中國殖民地化之故。在此數年內，現銀均流入中國。惟其數量則隨收支淨盈數額之縮小而減少。現銀淨進口額，以百萬元爲單位，則一九二八年爲一五九·六。一九二九年爲一五八·七。一九三〇年爲一〇〇·五。一九三一年爲六七·七。從一九三二年以後，歷史重展一頁。十數年來繼續維持之銀入超，一變而爲銀出超。蓋自一九三二年起，中國之國際收支，始見入不敷出，而不得不以輸出現銀爲最後淸償之辦法。繼之而一九三三年，其入不敷出之數愈多。現銀仍繼續流出。據海關統計，一九三二年進口現銀九千六百五十萬元，出口現銀一萬萬〇六百九十萬元，兩抵淨出超一千零四十萬元。一九三三年進口銀八千〇四十萬元，出口銀九千四百八十萬元，兩抵淨出超一千四百四十萬元。一九三四年輸入七百四十萬元，輸出二萬萬六千七百四十萬元，計淨出超現銀二萬萬六千元。吾人上述收支淨盈淨虧之數，僅屬估計，不能解釋之項目甚多。故在入不敷出之年，現銀出超之數，與收支淨虧之數，不能相符。在收支淨盈之年，其現銀入超之數，亦與收支淨盈數不能相符。此蓋由於吾人對於國際收支之各種項目，未能有正確可靠數字之故。然大勢所趨，估計收支有餘之年，現銀入超。收支不足之年，現銀出超。此種趨勢，甚爲明顯。一九三二年現銀流出時，美國尙無種種提高銀價之設施。故其流出，幾純爲收支之不敷。一九三三年上半年現銀大量流出。自四月至六月，三個月內，流出之數，佔全年流出總數百分之九十四。七月以後，始告停止。或因季節關係，或因美金借款五千萬宣告成立之故。但自一九三四年二月以來，現銀重又出口。是年八九月，禁銀出口之說甚盛，現銀更大量流出。今將一九三二年以來，中國與外國間現銀逐月輸出入數目，列作第十七表。

普通以爲一九三三及一九三四等年，現銀之流出，全因美國銀價高漲後，投機傾賣及外國吸收之故。此一問題，當於後文再論。但中國現銀之出超，既在美國羅斯福總統受銀派議員主張提高銀價以前，則此項現銀之流出，除抵補國際收支虧損外，更有何種解釋。一九三二年以前，每年國際收支淨盈數，少則四千萬元，多則一萬萬元。而一九三二及一九三三一九三四諸年，則俱屬淨虧。故吾人所當追詢者，究竟此項淨虧，係暫時現象，抑係經濟組織上有何根本失諧之處。如屬暫時現象，僅因國際有形無形貿易偶然未能調整之故。則在一種自然調節之貨幣制度下(Automatic Standard)，貴金屬暫時輸出，以期恢復收支之平衡，原爲可能之事。中國雖向來現銀入超，而暫時失諧所發生之現銀流出，或亦未爲十分嚴重之現象。如世界經濟衰沈打破，再於國際收支上稍加調節，或不難重行恢復淨盈之地位。但即使此種現象僅屬偶然原因所造成。然此種偶然之現象，未嘗不可繼續存在至若干年月，甚至竟造成永久之失諧。中國國際收支失諧之一大原因，爲東北四省之失陷。因之而喪失每年二萬萬元之貨物出超額。今者東北四省非但不能有

第十七表

中國與外國間現銀流出入表(註)

一九三二年正月至一九三四年十二月

月份	輸入	輸出	淨入超	淨出超
	(以銀元為單位)			
1932				
一月	5,840,906	2,513,618	3,327,288	
二月	3,957,080	2,482,196	1,474,884	
三月	3,023,618	961,861	2,061,757	
四月	8,155,347	2,122,669	6 032,678	
五月	10,469 600	470,743	9,998,857	
六月	8,196,093	1,985,821	6,210,272	
七月	5,441,959	3,778,015	1,663,944	
八月	6,958,128	1,548,406	5,409,722	
九月	5,801,549	3,181,904	2,619,645	
十月	8,195,450	3,604,839	4,590,611	
十一月	15,967,897	19,720,757		3,752,860
十二月	14,986,081	16,779,117		1,793,036
1933				
一月	10,689,941	977,059	9,712,882	
二月	14,016,078	1,332,803	12,683,275	
三月	8,551,704	1,924,763	6,626,941	
四月	6,659,664	10,375,446		3,715,782
五月	3,277,355	50,570,044		47,292,689
六月	5,501,661	17,495,798		11,994,137
七月	5,563,180	2,245,213	3,317,967	
八月	4,104,844	465,420	3,638,924	
九月	6,016,957	470,900	5,546,057	
十月	3,557,313	7,662,429		4,105,116
十一月	7,501,322	456,480	7,044,842	
十二月	4,739,622	324,829	4,414,793	
1934				
一月	2,134,350	351,500	1,782,850	
二月	198,145	1,765,096		1,566,951
三月	2,032,187	1,162,175	870,012	
四月	388,945	15,152,635		14,763,690
五月	444,250	2,591,668		2,147,418
六月	165,510	13,101,937		12,936,427
七月	165,346	24,473,355		24,308,009
八月	354,000	79,448,748		79,094,748
九月	820,087	48,959,860		48,139 773
十月	607,052	56,939,190		56,332,138
十一月	103,950	11,431,600		11,327,650
十二月	—	11,974,659		11,974,659

(註)輔幣不在內

助於中國之國際收入反從國內各地吸收現銀以去。如東北四省長與中國脫離，則中國之國際經濟關係上，不能不有根本補救之處。且世界經濟衰沈卽使過去，此時之中國是何情形，現亦難以預料。在經濟衰沈以前，中國之國際物價平衡，或並無重大不諧之處。故得以維持其現銀入超之地位。銀價銀匯之漲落，如與世界物價上下之步驟相同，不致改變銀匯之購買力。則國際物價之平衡，亦或不致發生影響。但前章業已說明，中國物價及世界物價之上落，並不與銀價銀匯一致。此次世界經濟衰沈之重要象徵，卽爲物價高低之失諧。而最近各國之互相貶低幣値，尤使物價高低，更難平衡。僅憑世界物價之上升，尙屬無濟。中國國際收支之不得平衡，尙非全因銀價變遷之故，而由於各國物價及各種物價之變遷，發生裂痕之故。卽令世界經濟衰沈去後，相當之經濟平衡重復覓得，但此種新平衡，可料其決非未破裂前之舊平衡。銀價銀匯之上落，當然卽造成中國國際貿易貨物價格之上落。故銀匯之漲落，同時卽使中國之國際收支，有根本調節之必要。卽使並無世界物價平準破裂之情事，而銀匯漲落後，中國亦必須設法調整其國際收支，以順應銀匯之變遷。在此種情形下，如僅圖一時急救之辦法，如起借外債之類，實爲危險之舉。蓋起借外債，僅能藉之以挽救國際收支暫時之失調。以防止現銀之流出。但對於病根並無補救。且反使根本補救方法，無從實施。因而延長並增加其禍害。如美棉借款磋商時，能預爲日後償付時匯兌上之困難着想，則亦大有考慮之餘地。不獨起借外債如此。任何辦法，只圖目前便利而不顧及根本救濟者，均屬危險之舉。凡一國之國際平衡，根本上已有裂痕，基礎動搖。而貴金屬外流之時，終不能藉舉債或任何急就之辦法，以圖補苴。補苴之禍，乃勝於緣木而求魚。

（註一）J. W. Angell君以爲銀匯落，則國外或國內之持有銀債權者，均以脫手爲急，蓋防銀匯之續跌云。見 J. W. Angell The Theory of International Prices, p. 424

（註二）一九三五年三月二十日，上海金融商業週報載有耿愛德君估計一九三四年之中國國際收支其數如下：

支出	貨物入口	一、〇二九、六六五、〇〇〇元
	又（私運）	一一〇、〇〇〇、〇〇〇
	日本高麗東三省等地，私運現金入口	三〇、〇〇〇、〇〇〇
	政府債務支出	九四、〇〇〇、〇〇〇
	留學游歷等費	五、〇〇〇、〇〇〇
	國外投機損失	二〇、〇〇〇、〇〇〇
	資本收回及逃佚	一五〇、〇〇〇、〇〇〇
	共計	一、四三八、六六五、〇〇〇
收入	貨物出口	五三五、七三三、〇〇〇元
	出口估低數百分之十	五五、五七三、〇〇〇
	現金出口	二六、二一七、〇〇〇
	又（私運）	七〇、〇〇〇、〇〇〇

華僑匯款	二五〇、〇〇〇、〇〇〇
游歷費用	一〇、〇〇〇、〇〇〇
教會及慈善捐款	四五、〇〇〇、〇〇〇
駐華外國海陸軍	九〇、〇〇〇、〇〇〇
駐華外國使領館	二五、〇〇〇、〇〇〇
來華外國船隻	二五、〇〇〇、〇〇〇
國外投資收入	五、〇〇〇、〇〇〇
其他	一八、二〇一、〇〇〇
現銀出口	二五九、九四一、〇〇〇
又（私運）	二五、〇〇〇、〇〇〇
共計	一、四三八、六六五、〇〇〇

第七章　現銀之流動

中國之國際收支，從銀入超一變而爲銀出超後，現銀之流動，極受各方之重視。各銀行家及各經濟專家之意見，幾無不以爲美國提高銀價，爲中國現銀外流之原因。以爲中國之銀，乃被人吸收而去。三年以前銀價跌落之時，中國仍爲銀入超。當時論者均謂各國將銀傾銷於中國。因各國均以舊幣鎔銀，有售主而無顧客也。照前後論者之意見，中國之銀出入，幾無時不爲國外操縱之結果者。因之救濟之方，亦以呼籲哀告爲上策。茲爲說明其因果起見，當先從貴金屬何以流動之根本原則上着手。

銀本位國之銀出入，與金本位國之金出入，受同一經濟原則之支配。除非有政治上之作用，或有國際間之陰謀，金銀之流動，恆依匯率之上落。如中國之對外匯率下降至現銀輸出點之下，輸出現銀比之購買外國匯票較爲有利，則現銀自然輸出。反之，如購買外國匯票比輸出現銀爲有利，則決無人自願冒輸現之麻煩與損失而偏欲輸現者。銀進口之理論亦同。匯率在輸入點以上，則現銀輸入，否則不輸入。

所謂現銀輸出點與輸入點者，係按匯兌理論平價加減輸現費用而得。一國之貨幣重量與成色，均由其本國法律規定，在同本位國間匯兌理論平價，卽係兩國貨幣所含之純銀或純金之比例。銀本位國與其他非銀本位國間匯兌理論平價之計算，其原理亦相同。中國之貨幣，經法律規定其成色及重量。因之其中所含之純銀，可以推算而得。再依當時外國公開市場以外國貨幣表示之銀價推算，卽可求得中國貨幣與外國貨幣兩者間理論上之比例。所異者，同本位國間之理論平價，旣各由法律規定，故可隨立法更張而變遷。金銀異本位國間之理論平價，則由外國銀價推算而得，故隨外國現銀市價爲上落。但無論如何，中國貨幣所含之純銀，與相等成色重量之外國現銀，其理論上之價值，終屬相等。無論外國銀價如何上落，決不能使平價發生差異，亦決不致因此而有輸現之可能。因平價係屬推算而得，決不因推算中所用數目之大小，而其結果致二五不能等於一十也。假如兩金本位國間，一國忽變更其貨幣之成色與重量，理論平價當然隨之改動。決無人以爲結果將使現金流動者。故依同一理由，世界銀價之漲落，——換言之卽表示銀價之貨幣（例如英鎊美金）價值之漲落——除使中外匯兌理論平價變更外，決不能使現銀流動。

但中國貨幣在國際匯兌市場上之市價，當然不能恰與其所含純銀之銀價相等。猶之一切貨物之售價，不能恰與其成本相等。因之匯兌市價與匯兌平價間，發生差異，或高或低。外國市場需要中國貨幣殷，則各該地之中國匯價上漲。反之，則下落。如中國市場對於外國貨幣之需要殷，則外幣漲而銀匯落。逐日匯兌市價，以匯兌平價爲中心，繞之上落。

中國貨幣不能在外國行使，外國貨幣不能在中國流通，中國人何以需購外幣，外國人何以需購中國幣，則因彼此均有向對方付款之必要也。故匯兌市場之逐日市價，乃依當時國際間收付款項兩抵多少而定。如在一時期內收付兩抵後尙屬不敷，則中國之需要外國貨幣者，競願多出國幣，以易外國匯票。於是外幣漲而銀匯落，

國際間收付之多少。除季節關係及其他偶然原因。（如年歲歉收）等等外，其變動常和緩，而需要相當時日。如國際收支不敷，則須俟設法爲種種調節之後，始可恢復。否則唯有濫借外債。卽國際收支有餘，如不濫放借款，亦須相當時日，始可處置其餘款。故在長時期內，匯兌市場對於理論平價之高低，因之而現銀出入之大勢，均爲國際收支盈虧所決定。

但在短時期內，則匯兌市價對於理論平價之高低，係按當時偶然國際收付款項之多少而定。無論一國之國際收支長時期內係屬有餘或不足，但一年之內，終有若干日匯兌市場淸算之結果盈虧之數，適與長期趨勢相反。據過去之經驗論，則中國之國外匯兌，於四、五、十、十一、等月恆較弱。李文思君（Mr. D. H Leavens）計算之銀匯季節變動指數（見 The Ratio between the T. T. Rate and the Silver Price—Chinese Economic Journal, May 1928）自一月至十二月，爲一〇〇·三，一〇〇·二，一〇〇·一，九九·八，九九·八，一〇〇·二，一〇〇·三，一〇〇·一，一〇〇·〇，九九·六，九九·五，一〇〇·二。

此外匯兌市場上投機操縱之可能極大，而在金銀異本位國間輸出入點間相距達百分之五（銀出

口稅百分之二・二五不在內。）故操縱投機尤爲可能。蓋在此百分之五之距離間，匯兌市價可以自由上落，而不致有運現之阻礙。不若同本位國間匯兌市價漲落之有限也（例如英美兩國未放棄金本位前，其輸出入點之距離僅百分之一。）故在正當商業供需以外，投機賣買，可使一時外匯之供需發生變動。助此抑彼，抑此助彼，遂使原來國際收支之正當盈虧，受此種影響，而暫時之間，可以反盈爲虧，反虧爲盈。因之而應輸出或應輸入之現銀，亦受其影響。然投機賣買之背後，並無眞實之國際債務。此時投機賣出他時必買入補進。此時投機買入他時必回籠吐出。一出一入，兩相冲消。故投機買賣雖對於某一時間之銀出入，頗有左右之力量。而於長期借貸之關係，長時期現銀流出入之趨勢，則不能有何力量。

銀價上漲何以能驅逐現銀出口

自美國以種種方法提高銀價後，論者均以爲現銀將自中國流入美國。其理安在，則論者殊無清晰之說明。大概之意，以爲美國銀價提高則國外銀價將高於國內。因中國銀價低，則人將輸出中國之銀售之外國以圖利。由此種論證以觀。似謂美國之公開市場銀價可以脫離世界公開市場銀價平準而特別提高。似謂美國有一公開市場之銀價，中國亦有一公開市場之銀價，可以互相比較高低者。論之奇誕，無逾於此。

如銀之一物，仍爲有國際市場之商品，其輸出入不受人爲之禁止，則美國公開市場之銀價漲高，世界各地公開市場之銀價，自必隨之漲高。時間上之先後，價格上之些微差異，容或有之。但不能超過運現之費用。羅斯福總統雖規定官買銀價爲每盎斯美金六角四分半。但僅以美國國內礦產爲限。故其影響僅及於美國國內之礦產。美國國內礦產銀，約佔世界銀產之一成半，故美國財政部依官價收購國內現銀之結果，僅使世界銀市上減少一成半之供給而已。美國在世界公開銀市收購現銀，較有影響。但收購價格，初未嘗依官定之六角四分半爲準。美國國內公開市場之銀價，決不能脫離世界公開市場銀價之平準。假如中國而眞有公開之銀市者，我不解何以中國公開銀價，既稱公開，乃能不隨世界銀價爲上落。

且美國將銀價提高，現銀從世界各處，流往美國。何以中國之銀，亦須流出，實無正當理由。現銀在世界各處，皆爲商品。如一處之價格提高，則其餘各處之銀，自均將運往銀價最高之處出售。現銀然，其他商品亦然。但銀在中國，則並非商品，而爲貨幣。世界銀價漲高，僅使銀匯之理論平價漲高。但對於日常匯票供需之數量，不應有何關係。因匯票供需之數量，係隨當時之債權債務而定。不隨銀價之高低而定也。且中國銀幣並不在國際間流通。其價值乃依其所含純銀而定。如世界銀價漲，則中國銀幣所含純銀之價值，自亦隨之而漲。毫無時間上之差異。中國除銀幣之價值外，並無公開市場之銀價，如倫敦紐約孟買之可以自由買賣。中國既以銀爲貨幣，則一切價值，均以銀爲測量之標準。但銀之本身價值，則無法再以銀自己測量。中國之銀價，卽爲銀幣之購買力。其情形與金本位國之並無金價相同。中國既無可與世界公開市場絜長度短之銀價，如何而謂中國之銀價比紐約銀價發生高低。更如何而謂紐約銀價高漲乃使中國銀幣之匯兌市價失卻平衡。豈非今日適越而昔至。匯兌市價依債權債務而變動，故或謂銀價漲後，（指銀價比物價之相對的漲高，換言之，卽銀購買力之漲高。）中國出口困難而進口容易，將使其貿易平衡，比前入超更多。如無其他無形收入迅予補救，則銀匯市價必降至現銀輸出點以下，而現銀將輸出。此論自屬合於邏輯。但其前後經過，必需相當時期。且其彼此關係，亦多受其他錯綜勢力之擾亂，未必完全正確。決不能因此而謂銀價一經提高，現銀卽須流出也。

故從大處着眼，則一九三二以後諸年現銀之流出，決爲國際收支不能相抵之故。一九二八年以迄一九三四年十月之平均銀匯價（對英及對美，）可於第十八表中見之，在一九三一年以前現銀輸入時期，匯價恆高於平價。而在一九三二及以後諸年，現銀流出時期，則匯價恆低於平價。表中另附現銀輸出入點，以資比較。（註二）

從第十八表中可見一九三三及一九三四兩年，現銀大量流出，各月之匯價，均遠在平價以下。一九三二年，現銀已屬出超，但表中所列英美匯率仍高於平價甚多。此蓋因一九三二年輸出之現銀，均係輸往東三省爲多。若就英美兩國說，則現銀仍係入超，故英美匯率自不致疲落也。

再就現銀出入之趨向觀之，則可見美國雖以人爲方法提高銀價，而中國之現銀，則大部份均向倫敦

第十八表

銀匯率與銀價間之比例表

	上海外匯		銀價		匯率/銀價之比例	
	對美	對英	紐約	倫敦	紐約	倫敦
	美金分	辦士	美金分	辦士		
1928	63.73	31.43	58.49	26.74	1.090	1.175
1929	58.46	28 91	53.04	24.48	1.102	1.181
1930	41.85	20.65	38.24	17.65	1.094	1.170
1931	31.17	16.78	29.01	14.46	1.071	1.160
1932	30.77	21.10	27.49	17.81	1.119	1.185
1933	26.05註	14.82註	34.60	18.21	0.7529	0.8138
1933						
一月	27.69	19.87	25.37	16.87	1.091	1.177
二月	28.12	19.81	25.87	16.87	1.086	1.173
三月	28.70	20.25	27.50	17.56	1.042	1.153
四月	20.44註	14.30註	28.62	17.97	0.7142	0.7958
五月	24.19	14.56	34.06	18.94	0.7102	0.7689
六月	25.87	15.00	35.69	19.19	0.7249	0.7817
七月	29.00	15.00	37.25	18.30	0 7785	0.8196
八月	27.88	14.88	36.00	17.87	0.7744	0.8326
九月	29.25	15.13	38.75	18.25	0.7549	0.8290
十月	29.50	15.19	38.00	18.25	0.7763	0.8343
十一月	32.70	15.31	24.95	18.37	0.7614	0.8334
十二月	33.25	15.50	43.50	18.62	0.7644	0.8378
1934						
一月	33.50	16.00	44.19	19.38	0.7554	0.8247
二月	33.97	16.22	45.19	20.06	0.7515	0.8010
三月	34.29	16.12	45.88	20.25	0.7470	0.7960
四月	33.96	15.81	45.30	19.74	0.7497	0.8009
五月	32.22	15.14	44.38	19.28	0.7257	0.7839
六月	32.76	15.57	45.16	19.98	0.7248	0.7785
七月	33.62	16.00	46.31	20.51	0.7246	0.7805
八月	34.66	16.40	48.99	21.38	0.7075	0.7671
九月	35.28	16.95	49.48	21.89	0.7130	9.7744
規元——理論平價					1 082	1.168
輸入點					1.102	1.194
輸出點					1.038	1.135
銀元——理論平價					0.7561	0.8166
輸入點					0.7807	0.8439
輸出點					0.7315	0.7892
廢兩改元後實銀出口點					0.7245	0.7929

註:廢兩改元於一九三三年四月實行

第十九表

各國現銀對中國輸出入表

	1933			1934一月至九月		
	輸入	輸出	淨入(＋) 淨出(－)	輸入	輸出	淨入(＋) 淨出(－)
			(以千元爲單位)			
印度	86	—	+86	—	29907	−29907
緬甸	505	9	+496	—	—	—
加拿大	1343	—	+1343	—	—	—
法國	4	—	+4	—	—	—
法屬安南	1246	196	+1050	8	—	+8
英國	6898	215	+6683	—	114786	−114786
香港	38061	18636	+19425	4187	10151	−5964
日本	86	114	−28	30	5907	−5877
高麗	592	—	+592	—	—	—
澳門	171	3	+168	—	—	—
荷屬東印	3	46	−43	—	116	−116
菲列濱羣島	—	14	−14	—	3	−3
海峽殖民地	73	1663	−1590	3	589	−586
美國	29373	70959	−41586	2354	25545	−23191
廣州灣租借地	51	200	−149	—	—	—
關東租借地	1382	2799	−1417	10	—	+10
其他各國	560	—	−560	110	6	+104
共計	80434	94854	−14420	6702	187010	−180308

第二十表

倫敦紐約銀價比較表

年　月	倫敦銀價		英美匯價		倫敦銀價以美金計算(美金分)	紐約公開銀價(美金分)	相差:計倫敦高(+)或低(-)于紐約(美金分)
	標準盎斯成色.925	純銀成色.999	每鎊值美金元	每辨士值美金分			
(1)	(2)	(3)	(4)	(5)	(6)	(7)	(8)
		(2)×1.08			(3)×(5)		
1926	28.6875	31.00	4.868	2.024	62.620	62.107	+0.513
1927	26.0313	28.11	4.861	2.025	56.762	56.370	+0.392
1928	26.5625	28.69	4.866	2.028	58.261	58.176	+0.085
1929	24.5000	26.40	4.857	2.024	53.328	52.993	+0.335
1930	17.6250	19.04	4.862	2.026	38.570	38.154	+0.416
1931	14.4375	15.59	4.532	1.898	29.484	28.701	+0.783
1932	17.8125	19.24	3.504	1.460	28.032	27.892	+0.140
1933	18.0938	19.54	4.237	1.765	34.496	34.500	−0.004
1934,1	19.3750	20.93	5.060	2.108	44.099	44 187	−0.088
2	20.0625	21.67	5.039	2.100	45.570	45.187	+0.383
3	20.2500	21.87	5.093	2.120	46.428	45.875	+0.553
4	19.7396	21.32	5.155	2.148	45.795	45.302	+0.493
5	19.2764	20.82	5.106	2.128	44.304	44.375	−0.071
6	19.9808	21.58	5.049	2.104	45.360	45.163	+0.197
7	20.5120	22.15	5.043	2.103	46.581	46.310	+0.271
8	21.3774	23.09	5.066	2.111	48.743	48.986	−0.243
9	21.8875	23.64	4.995	2.081	49.195	49.484	−0.289

孟買香港日本等處流出。其詳見第十九表。而紐約之銀價，大致亦並不高於倫敦之銀價。詳見第二十表。觀表可知倫敦銀價如折合爲美金，恆比紐約銀價稍高。因紐約公開市場銀價恆比實際成交價稍小半分美金左右也。一九三三及一九三四年內，有時紐約銀價反高於倫敦。此卽美國提高銀價之結果。但兩者間之差異極微。如將運費及手續費等計入，卽令套匯賣買，亦未必有何利益。中國輸出之銀，如爲貪圖國外高價而運出，則豈有先運售價低下之倫敦，再行轉赴美國之理。

美國銀價於一九三三年方始上漲。但英國銀價則在年半以前，一九三一年之秋，卽已上漲。如紐約銀價之上漲，足以使中國現銀流出，則何以倫敦銀價上漲，並不使現銀流出。今日之銀價仍比一九二九年以前之銀價低下甚多。何以此時現銀流出，而彼時現銀流入。如謂今日銀之流出由於銀購買力（卽銀價對物價之比例）上漲之故，則較爲合理。但其關係已如前文所述，並不直接。必需經過貿易增減之階段。銀在外國之購買力高，在中國之購買力低，卽外國物價賤而中國物價高。如是則必須出口減，進口增，國際貿易逆差增加，又無其他收入抵補，而後銀始流出。故僅足以解釋現銀從長期入超變爲出超之原因。今銀之流出幾與銀價之高漲，有形影相隨之勢。則於國際收支逆差之外，顯有其他原因。

故一九三二年以後中國現銀之流出，雖爲國際收支平衡向來逆差之結果。但流出之數，既於數月以內，忽然大增大減。則其中顯有人力之操縱可知。一九三四年之大量流出，如前所述，係因謠傳政府禁銀出口，及各外國銀行對於幣制金融之安定發生疑慮之故。歷年以來，因匯率不利本有暫留中國相機出匯之款項。今則外匯價格已高禁銀出口又迫，自無不蜂擁運出者。如無此種人爲之投機，則現銀之流出，或將稍早。而其數量分配亦將稍見平均。不致猝然大量輸出也。

一九三二以後諸年現銀之繼續流出，實爲中國重要之危機。銀價急劇之漲落，及世界經濟之衰沈，所給予中國之禍害，使中國不能隨時振拔出口減少進口雖減而不足，無形收入減少，國際收支之虧損增加，於是中國乃不得不輸出人所勿欲而已所不可或缺之現銀矣。此在中國爲無可奈何之辦法。中國並不產銀。所有可以出口之銀，皆自有史以來，歷年所蓄積。其祖其宗，辛勤節衣縮食，以其有餘易而爲銀。今則逐漸消耗。如長此流出不已，則終有一日，中國所有之銀將流盡，而於流盡以前，自不得不勉強採取其他流通媒介，以代替現銀之地位。爲日當不在遠。中國所有之銀，估計共達二十二萬萬五千萬元（一九三三年底）但可以輸出之銀，當然不到此數。現在已有若干行省，事實上已爲紙本位，現銀禁止出省，而其他各省之現銀，則又流入於上海。上海爲現銀出入中國之門戶。當中國國際收支有餘時，流入之銀，常先集中於上海。然後分布於向上海握有債權之各埠。故在往年，現銀係從外國流入上海。再從上海流入內地。一九三二以來諸年之情形適相反。國際收支既於中國不利。現銀從中國流入外國。同時在國內，則現銀從內地流入上海。其數量至爲可驚。且超過平時每年上海流入內地之數量。自東至西，自南至北，幾無不向上海流入者。獨東三

第二十一表

上海對國內各埠現銀輸出入表1931－1934六月

（以千元爲單位）

（據中國銀行中外商業金融彙報改編與海關報告不全符合）

	江浙	長江各埠自皖至川	北方各埠豫魯晉冀等	南方各埠閩粤滇等	東三省	總計 不連東三省	總計 連東三省
1931							
流入上海	85180	8190	2539	100	1210	96009	97219
流出各埠	96600	11650	27100	10471	5090	145821	150911
淨流出	11420	3460	24561	10371	3880	49812	53692
1932							
流入上海	31440	42725	18010	22500	—	114675	114675
流出各埠	4410	2380	10330	723	16965	17843	34808
淨流入	27030	40345	7680	21777	—	96832	79867
淨流出	—	—	—	—	16965	—	—
1933							
流入上海	17490	36620	31720	6830	—	92660	92660
流出各埠	550	5220	2300	—	2500	8070	10570
淨流入	16940	31400	29420	6830	—	84590	82090
淨流出	—	—	—	—	2500	—	—
1934一月至六月							
流入上海	3410	8450	15940	—	50	27400	27450
流出各埠	—	1800	150	—	—	1950	1950
淨流入	3410	6650	15390	—	50	25450	25500

第二十二表

上海現銀經由江海關出入數目表

1929－1934 九月

		往來國內各埠	往來外國	共計
		（以千元為單位）		
1929	來	27,312	157,691	185,003
	往	—71,756	—20,665	—92,421
	淨計	—44,444	137,026	92,582
1930	來	15,424	104,516	119,940
	往	—57,590	—49,924	—107,514
	淨計	—42,166	54,592	12,426
1931	來	18,077	52,440	70,517
	往	—79,751	—31,613	—111,364
	淨計	—61,674	20,827	—40,847
1932	來	117,134	84,185	201,319
	往	—15,326	—45,507	—60,833
	淨計	101,808	38,678	140,486
1933	來	73,222	75,717	148,939
	往	—10,027	—85,153	—95,180
	淨計	63,195	—9,436	53,759
1934	一月至九月			
	來	18,963	4,572	23,535
	往	—5,424	—169,777	—175,201
	淨計	13,539	—165,205	—151,666

第二十三表

上海各銀行存銀數目表（以百萬元爲單位）

	1926	1927	1928	1929	1930	1931	1932	1933	1934
一　月	134.7	148.4	141.5	174.9	248.0	269.8	266.8	443.3	560 1
二　月	141.5	162.9	140.2	189 2	260.0	256.5	262.3	451.5	553.8
三　月	154.8	173.3	145.6	203.5	267.7	252.9	273.2	458.8	589.5
四　月	159.7	170.2	150.8	221.3	273.4	246.1	298.0	457.6	594.0
五　月	153.4	170.1	127.0	222.9	270.4	247.7	324.8	446.8	594.1
六　月	142.9	156.0	121.1	230.4	265.1	251.2	352.6	446.7	582.9
七　月	155.8	154.2	131 5	249.4	266.6	248.9	379.2	453.3	562.8
八　月	158.3	160.0	148.8	232.3	268.5	249.3	406.4	460.6	492.6
九　月	161.5	162.6	155.7	227.2	265.5	242.9	417.8	460.3	451.3
十　月	166.4	157.5	155.0	237.1	262.9	263.4	425.9	456.9	—
十一月	160.5	147.3	159.9	237.1	263.1	267.5	420.2	458.4	—
十二月	153.7	142.3	167.2	236.3	261.8	262.4	434.6	547.5	—
平　均	153.6	158.7	145.4	221.8	264.4	254.9	355.1	361.9	—

(註)大條銀係按每條九一八兩折合規元規元係按〇.七一五折合銀元

省雖被強力所奪，而現銀則向該地流出。茲以近數年來現銀流出入之數字，列於第二十一表。觀表可見一九三一年上海尚向各埠（東三省在內）流出五千三百六十九萬二千元。一九三二年各埠反向上海流入九千六百八十三萬二千元。一九三三年各埠向上海流入八千四百五十九萬元（東三省不在內）。一九三四年前九月中仍續流入。但其流入之數量大減，同時上海流出內地之數量亦減。表示內地既無力吸收現銀，亦無力輸出現銀。經濟幾於僵化。東三省各埠於一九三二及一九三三兩年，仍續向上海吸取現銀。而向來農產出口豐富之北方諸港，及向來僑民匯款收入豐富之南方諸港，均一變其對上海之地位。從債權降爲債務。而不得不輸銀於上海以清償焉。

從上海現銀輸出入之數字觀，可知上海乃中國內地與外國間之蓄水池。外國及內地送來之現銀，常在上海先行積存。但一九三一年則係向內地流出。第二十二表表示現銀經過海關流出入之數。第二十三表表示上海之存銀數。存銀數中一部分爲華商銀行所有。他一部分則爲外商銀行所有。其相對之地位，根據中國銀行之調查，比例如下。

年份	華商百萬元	銀行所占成數
一九二六	七三·五	四九·八八
一九二七	七九·三	五五·六八
一九二八	一〇二·八	五九·九〇
一九二九	一四四·二	六〇·〇二
一九三〇	一六六·三	六三·四八
一九三一	二一七·二	六九·六三
一九三二	二五三·三	五七·六八
一九三三	二七一·八	四九·六五
一九三四	三一〇·〇	六八·六九

外商	百萬元	七三·九	六二·九	六八·八	九六·一	九五·七	九四·八	一八五·一	二七五·七	一四一·三
銀行	所占成數	五〇·三	四四·三	四〇·一〇	三九·九八	三六·五二	三〇·三七	四二·二三	五〇·三五	三一·三三
總數	百萬元	一四七·四	一四二·二	一七一·六	二四〇·三	二六二·〇	三一二·〇	四三八·四	五四七·五	四五一·三

（自一九二六年至一九三三年概以十二月計算，惟一九三四年係以九月計算）

華商銀行於一九三二年以前，中國國際收支有餘現銀入超之年，其所佔成數日增。而於國際收支虧損，現銀出超之兩年，一九三二及一九三三，則其所佔成數日小。外商銀行所存之銀，幾爲準備輸出之銀。但何以其存銀數相對見增，而並不以之輸出，則似可研究。或者其存銀所以激增者，正爲有一部分應行輸出之銀，因銀匯之跌落，匯出之不利，而暫留手中，靜待銀匯之上漲。蓋自各國競貶幣值，美國屢倡提高銀價而來。銀匯之恢復，爲人人意中所有之事。外商銀行存銀在一九二九年以前，不逾六七千萬元。一九二九至一九三一期內，增至九千五六百萬元。自一九三一年至一九三三年，計增至二萬萬七千五百七十萬元。計共增一萬萬八千零九十萬元。但從一九三四年一月至九月。現銀從上海流赴外國之數，達一萬萬六千一百七十萬元。外商銀行存銀數減爲一萬萬四千一百三十萬元。計在九個月內，減少一萬萬三千四百四十萬元。但華商銀行之存銀則反略有增加。故一九三四年九個月內流出外國之現銀，百分之八十三，均從外商銀行庫中所流出。祇百分之十七（卽二千七百三十萬元）係由其他方面所流出。如外商銀行以前各年庫存銀數可視爲常年應存銀數。則一九三四年九月底外商銀行之存銀，比之常年，僅超出五千萬至七千萬元之譜。此數自不能視爲暫存銀行，相機待匯之總數。庫存現銀僅爲銀行存款之準備，而並非即爲存款之本身。但此數或與相機待匯之餘數相去不遠。因上海中外銀行之間，彼此均以現銀清算。如華商對外負有債務，則其債務必藉華商銀行錢莊之手，而以現銀償付於外商銀行。如外商銀行不以所償之銀，重復投之於中國，則手頭現存之餘銀。大略即爲清償待匯之銀。現在現銀雖大量出口，而華商銀行存銀，仍相當增加。則華商銀行對外商銀行殆無積欠之債務。如現銀仍繼續匯出，則存底已經減少之外商銀行，其存底殆將更加減少，而不致動及華商銀行之存底也。

（註一）第十八表中所列平均匯價係每月或每年之匯價。但現銀之實際出入，並不爲平均匯價所決定，可不俟繁言而解。因平均匯價，實係計算中之匯價，事實上並不有此匯價。現銀之出入，係隨每日每盤匯兌市價而定。一月或一年之內，如有一二日特別高低之匯價，已足以使現銀因之而流動。然計算而得之平均匯價，則自不能表示此一二日特別高低之匯率也。每年之平均匯率，自比每月之平均匯率爲更遠於事實。因特別高低之匯率，已在一年中三百六十五日內平均分散去也。又所引平均匯價係根據匯豐銀行之挂牌價。事實上匯兌交易中人，與其往來銀行之交易，常比挂牌價爲小。故第十八表末兩項匯價與銀價之比例，係屬最大之價。換言之，即其離輸入點嫌稍近，而其離輸出點嫌稍遠也。理論平價及輸出入點之計算方法如下。

〔中英〕上海規元每兩含純銀五一八·五一二英釐（成色一·〇〇〇）。倫敦銀價係按每標準盎斯四八〇英釐（成色〇·九二五）計算。故$\frac{518.512\times1000}{480\times925}=1.168$即爲規元與英銀之理論平價。但如將倫敦大條銀運來中國並經爐房熔爲寶銀，則熔鑄運輸保險利息等損失，約爲上數百分之二・六。故未廢兩前對倫敦之現銀輸入點，應爲一・一九四。如將寶銀重復出口，運往倫敦熔鑄爲大條，則又需熔鑄運輸等損失，其數約爲百分之二・九。故現銀輸出點爲一・一三五。自出口現銀加征百分之二・二五出口稅後，現銀輸出點減爲一・一〇九。

廢兩改元後，銀元與英銀之理論平價爲〇・八一六五七四。鑄幣費爲百分之二・二五。假定運現費用及利息爲百分之一・一。則銀輸入點爲〇・八四三九三〇。假定輸出之損失及費用與輸入相同，則銀輸出點爲〇・七八九二一八五。如以寶銀輸出，則按寶銀輸出點一・一〇九按〇・七一五折合，應爲〇・七九二九。

（中美）美國銀價係按四八〇英釐〇・九九九純銀計算。故規元每兩與美銀理論平價爲一・〇八二。鎔鑄及運現各費約爲百分之一・八五。故銀輸入點爲一・一〇二。重復鎔化及輸現出口之費用，不連出口稅約爲百分之三・七五。若加入百分之二・二五出口稅，則爲百分之六。故寶銀輸出點未廢兩前爲一・〇二七五七五。已廢兩後爲〇・七二四五二四。銀元與美銀之理論平價爲〇・七五六〇八七。銀輸入點，依鑄幣費百分之二・二五，及運現費百分之一計，應爲〇・七八〇六六銀輸出點則爲〇・七三一五一四。

上述輸出入點之推算，因鎔鑄費用及運輸費用之不同，故常有若干伸縮。

第八章　銀價變遷與國內經濟盛衰

上文係專就銀價變遷對於中國國際經濟關係之影響而言。自此章以後，吾人將討論銀價與中國國內經濟盛衰之關係。問題比前更爲複雜，更難處理。但其對於國計民生之痛癢，尤屬密切。

所謂國內經濟盛衰之影響者，望文生義，自以對於全中國而言。雖窮鄉僻壤，向來與國際經濟毫無關係者，亦應在討論國內範圍之內。但事實上吾人對於全國之生產消費，非但無精確之統計，甚至併約略之估計亦難齊備。所有者僅屬對於一個區域或一種商業片段之紀載。且大都係指商埠地方而言。對於農村經濟之紀載，尤無詳確數字且各種報告又往往彼此互異。故吾人討論之時，亦僅能就現有材料爲根據。

中國經濟盛衰情形究屬如何？吾人實無法可以將工業中國與農業中國種種不同之經濟情形，歸納而得一單純之指數，以之代表中國經濟界之起伏。普通以爲銀價跌落，使中國得免世界經濟衰沈之惡果。此項理論之出發點，以爲銀價跌，中國進口物價漲，因而中國實業家之向受洋貨競銷之厄者，乃可以較廉之售價與漲價之洋貨競銷而有利。故實業發展，生產擴充，失業減少，而於世界經濟衰沈銀價下落之頃，中國經濟獨得興隆。此項理論之立足點，在於洋貨與國貨競銷。如洋貨而不與國貨競銷，例如中國本國不能生產或生產不足之洋貨，則此一理論便難適用。中國大部份地方尙在經濟發展之初期，多少含有自給自足之意，大部份產品（尤以糧食爲然）均消費於產地，而並不運出市場銷售。故銀價漲落，對於此等生產之增減，殆無密切之關係。產品之不在國際貿易範圍內者，其所受銀價上落之影響，亦並無直接關係。或因銀價上落，使國內物價平準變動後，間接發生影響耳。故所謂銀價下落，刺激國內生產，銀價上漲，阻礙國內生產者，大部份實指與洋貨競銷之國產而言。下文所討論者，亦僅在此一範圍內立論。此等新興工業，均集中於少數大商埠，尤以上海爲甚。故爲討論便利計，以上海代表國內工業，以覘銀價上落之影響。

通常恆以銀行間清算數額之增減，代表商業之榮枯。上海之錢業公單收解數額，卽其例也。錢業公單收解數額，並不能代表交換額之全體。但吾人目的，不在於調查其數額之多少，而在於觀察其逐年增減與銀價之影響，故縱不完全，仍復適用。上海錢業公會公單收解額，在一九二六年爲一百六十八兆六千一百萬元。一九二七年爲一百二十六兆二千八百萬元。一九二八年爲一百四十九兆六千三百萬元。一九二九年爲一百六十八兆六千一百萬元。一九三〇年爲二百十四兆六千五百萬元。一九三一年爲二百六十九兆八千六百萬元。一九三二年爲一百七十七兆二千九百萬元。一九三三年一百三十八兆一千一百萬元。一九三四年爲一百四十五兆六千一百萬元。各銀行所組織之票據交換所，係自一九三三年三月開始營業。其交換數額未計在上列數目之內。如以一併計入，則一九三三年之銀錢兩業交換總額應爲一百五十六兆六千七百萬元。一九三四年應為一百七十七兆八千三百萬元。在一九三三年三月以前,本以規元為本位。今各按其本年之平均洋釐折成銀元。如以一九二六年為基年等於一〇〇。則以後各年之比數一九二七為八三。一九二八年為九八。一九二九年為一一〇。一九三〇年為一四一。一九三一年為一七六。一九三二年為一一六。一九三三年為九〇。一九三四年為九五。銀錢業共計則一九三三年為一〇三。而一九三四年為一一六。其中一九三〇及一九三一兩年數字之猝然上升,顯而可見。自一九二九年起,兩年之內,增加達百分之六十。而自一九二六年至一九二九年之增加數則甚少。但吾人如貿然即以是數為商業隆盛之象徵,則又未免過度。蓋在此期內,物價之變遷極烈。銀錢業交換數額中,必須將物價變遷之影響除去,方屬合理。但如欲除去物價之影響,則躉售物價,輸入物價,與輸出物價,均苦不能完全適用。銀錢業交換額。並非僅僅代表列入物價指數之各種商業。凡一切金融交易,房租,工資之支付,股票,證券,地產交易,均藉銀錢業為最後之清算。其交易之數額,在近年以來,尤臻重要。凡此種種,舉不能以物價指數為代表。一九三〇年一九三一兩年,銀錢業交換額之特別增加,其於此種交易之發達有關,可無疑義。蓋在此期內,公債交易,地產交易之興盛,為人人所知。而標金交易,則又因金價之飛漲,而其每年成交額亦大漲也。

最佳之法,莫善於將各種物價均編為指數,而再取其加權平均數為代表。美國之司耐特氏(Mr.Carl Snyder)即編有此項一般物價指數。其所用之權重為躉售物價二,工資三·五,生活費三·五,房租一。中國對於以上多種物價尚無指數。且美國所用之權重，在中國亦未必適用。支票在中國行使不廣。工資均以現金支付。而薪工階級人之支付房租，購買什物，亦均以現款支付。在美國一般物價指數內百分之八十在中國均以現款支付，並不需要銀錢業之清算。故中國之銀錢業交換額，大約或尚以躉售交易佔其大宗。既無其他更善之辦法，則惟有卽以躉售物價爲折算之根據。

除物價變動外，尚有一端須注意者，卽爲經濟界自然進步之長期趨勢。吾人所有銀錢業交換額，僅有八年。且各年均有不規則之變動。故長期趨勢不便卽依此而斷定。但試以最小二乘式求其直線趨勢，則過去八年內每年上漲之勢爲一・九七。西歐各國，每年經濟界之自然進步率，爲每年百分之三。中國爲正在開發之國家，其進步率理應較巨，——與司耐特氏所論美國早期發展之情形相似，——但因其未脫農業之窠臼，又受種種內亂外侮之侵迫，故其進步率反僅一・九七。今將銀錢業交換額先以躉售物價折除，再除去其長期趨勢後之百分數，列表於下（第二十四表。）

觀二十四表而知一九三〇及一九三一兩年之銀錢業交換額，雖除去物價及長期趨勢之影響，亦確實仍有增加。所不能斷言者，不知其增加之果由於商工業之興盛，抑由於金融投機交易之發達耳。但一九三二年之交換額，則比常年不足百分之五。一九三三年則不足百分之二十二。如依此比率推下一年，則一九三四年比常年不足百分之十三，似該數年之交易特別衰頹。

第二十四表

上海銀錢業票據交換額折淨物價及長期趨勢後之百分數表

年份	交換額（百萬元）	比數（1926=100）	躉售物價指數	以物價折淨	再以長期趨勢折淨
1926	15,284	100	100.0	100	103
1927	12,628	83	104.4	79	81
1928	14,963	98	101.7	96	95
1929	16.861	110	104.5	105	102
1930	21,465	141	114.8	123	118
1931	26 986	176	126.7	139	130
1932	17,729	116	112.4	103	95
1933	13,811	90	103.8	87	78
1934	15,561	95	97.1	98	87

第二十五表

上海票據交換額折淨物價長期趨勢季節變遷後逐月數目表

年份	一月	二月	三月	四月	五月	六月	七月	八月	九月	十月	十一月	十二月
					交換額(百萬元)							
1926	1,195	699	1,178	1,270	1,713	1,216	1,313	1,270	1,241	1,418	1,406	1,381
1927	1,283	503	895	955	997	972	1,194	1,170	1,120	1,226	1,167	1,211
1928	969	770	1,122	1,127	1,399	1,260	1,278	1,225	1,243	1,481	1,477	1,437
1929	1,400	758	1,161	1,381	1,523	1,452	1,453	1,472	1,482	1,694	1,499	1,576
1930	1,579	966	1,541	1,693	2,044	2,005	2,079	1,722	1,799	2,006	1,991	2,072
1931	1,950	1,587	1,879	2,147	2,208	2,310	2,409	2,519	2,363	2,441	2,285	2,770
1932	1,871	1,068	1,454	1,505	1,339	1,265	1,353	1,673	1,532	1,590	1,560	1,518
1933	1,139	917	1,219	954	1,023	1,073	1,190	1,187	1,265	1,316	1,298	1,229
					比數1926=100							
1926	94	55	92	100	135	95	103	100	98	111	110	108
1927	101	40	70	75	78	76	94	92	88	96	92	95
1928	76	61	88	89	110	99	100	96	98	116	115	113
1929	110	60	91	108	119	114	114	115	116	133	118	124
1930	124	76	121	133	160	157	163	135	141	157	156	162
1931	153	125	147	169	173	181	189	198	185	192	179	218
1932	147	84	114	118	105	99	106	131	120	125	122	119
1933	90	72	106	96	80	84	94	93	99	103	102	97
					以物價折淨							
1926	96	56	93	100	137	97	104	102	99	108	105	102
1927	98	39	67	71	75	73	90	88	83	92	89	93
1928	75	60	86	86	107	98	99	96	99	115	114	111
1929	108	58	88	105	116	110	110	110	109	124	111	118
1930	115	68	108	119	144	128	135	112	119	136	136	143
1931	128	98	117	134	136	140	148	151	143	152	143	179
1932	123	71	97	101	91	87	95	118	110	115	114	111
1933	83	67	99	92	77	80	90	92	99	103	102	99
					再除長期趨勢(Y=104+2X)							
1926	100	58	96	103	141	100	107	105	102	111	107	105
1927	100	40	68	72	76	74	91	89	83	92	89	93
1928	75	60	86	86	106	97	98	95	98	112	111	109
1929	106	57	86	103	113	107	107	107	105	120	107	113
1930	110	65	103	114	137	122	129	107	113	129	128	135
1931	121	92	110	126	127	131	138	141	133	141	132	166
1932	114	66	90	93	83	80	87	108	101	105	113	101
1933	75	61	89	83	70	72	81	82	89	92	91	88
					季節指數(中項平均)							
	103	61	90	98	110	99	103	106	102	112	109	107
					除淨季節指數							
1926	97	95	106	105	128	101	104	99	100	99	98	98
1927	97	66	76	74	66	75	88	84	81	82	82	87
1928	73	98	95	88	97	98	95	90	96	100	102	102
1929	103	93	95	105	103	108	104	101	103	107	98	105
1930	107	106	114	116	124	123	125	101	111	115	117	126
1931	117	151	122	129	115	132	134	133	130	126	121	155
1932	111	108	100	95	75	81	85	102	99	94	103	95
1933	73	100	99	85	64	73	79	77	87	82	84	82

規元依按各年洋釐折成銀元其折合率如下 1926-720, 1927-727, 1928-722, 1929-719, 1930-724, 1931-725, 1932-706, 1933-715.

上海外匯指數與上海票據交換額(業將物價長期趨勢及季節變化除去)圖

Index of Shanghai Foreign Exchange Rate and Index of Native Bank Clearings in Shanghai deflated and corrected for secular trend and seasonal variations.

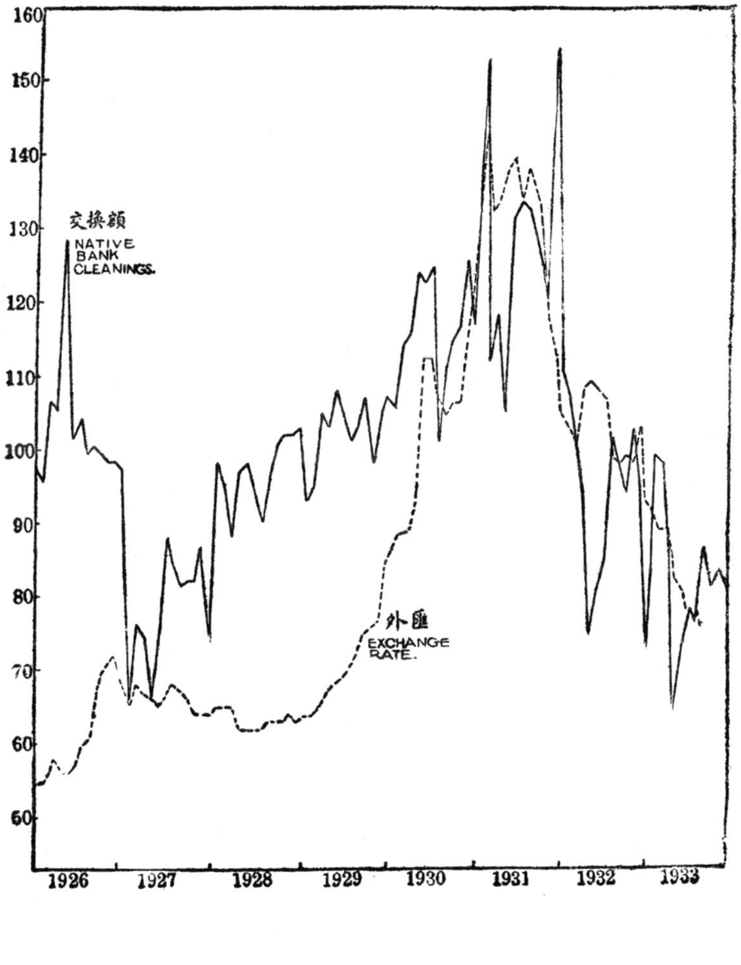

銀錢業交換額之逐月數額，亦可如法剔除其長期趨勢及物價漲落之影響。但除此以外，必須再剔除其季節變動之影響。經此修正後，其最後之數額載於第二十五表中。並附繪一圖，圖中另繪一線，代表銀匯價之漲落。但因前後僅八年，而各年又極多意外之變動，不能視爲常態之年份，故所求得之長期趨勢及季節變動指數，僅屬一種試驗之性質。

觀表可見自一九二八年以後，銀錢業交換額逐漸增加。雖一九二九年中曾一度減少，而一九三〇及一九三一兩年內均劇烈增加。一九三一年二月及十二月均飛躍甚多。一九三二後逐漸減少。一九三三年減少更甚。一九三二年五月及一九三三年五月有兩次重大之慘落。其與銀匯價漲落之影響頗不明顯。但一九二八年已有商業興旺之象，是年銀錢業交換額已在常態年度之上，而銀價與銀匯價，則至一九二九年始有顯著之跌落。一九三〇年及一九三一兩年兩線上落之趨勢頗若前後追隨。銀匯價之最高峯在一九三一年二月，而交換額之最高峯則爲同年十二月，兩者相距凡十月。一九三二年以後，外匯及交換額，雖同趨下降，然其逐月上落，頗不一致。

銀錢業交換額，僅能表示上海工業界及金融界之普通升降情形，而不能表示各種實業之相對的情形。事實上，各種實業在商業循環過程內之地位，未必相同。據中國銀行一九三〇年度營業報告，則該年度各業之情形，比之一九二九年，大約如下（以二十九年爲一〇〇。）

紡織業	一二〇	搪磁業	一〇〇	製帽業	一三〇	針織業	一二〇
化粧品工業	一一〇	製皂業	一一五	捲煙業	一三〇	機器製造業	五〇
製紙業	一一〇	橡膠業	二五〇	調味品業	一四〇		

一九三三年之營業報告，又列舉各業之營業報告，與一九三〇年相比較，而以一九三〇年爲一百。其數目如下。

	一九三一	一九三二	一九三三		一九三一	一九三二	一九三三
棉織業	七八	五二	三五	火柴業	一二〇	一三五	一四〇
棉紡業	一二八	一一〇	一一〇	橡膠業	二〇〇	一三五	八〇
染織業	一二五	一一〇	八〇	搪磁業	一五八	一二五	九五
毛織業	八九	六五	八五	油漆業	一二八	一三七	一八五
絲織業	一六〇	一一〇	九〇	化粧品業	一二〇	七五	八五
針織業	一〇〇	七〇	五〇	機器製造業	一二五	八一	七三
麪粉業	一二〇	八五	五〇	調味品業	一一二	一三五	一〇〇
捲煙業	一一五	一〇五	八〇	熱水瓶業	一〇〇	一一〇	一五〇

至於農業生產情形，則據一九三四年正月份中行月刊張心一君之估計，近三年內，中國各種食糧農

作物之產量，一九三一年爲一、五五八、四五〇、〇〇〇擔（一〇〇）一九三二年爲一、九六七、九六〇、〇〇〇擔（一二六）一九三三年爲一、五八六、三三〇、〇〇〇擔（一〇二）另一估計則謂棉產量一九三〇年爲八、八一〇、〇〇〇擔（一三七）一九三一年爲六、四〇〇、〇〇〇擔（一〇〇）一九三二年爲八、一〇六、〇〇〇擔（一二六）一九三三年爲九、二六一、〇〇〇擔（一五〇）但產量雖估計如此，而營業數量若干，及存穀存棉若干，均無統計。究竟產量增加，是否即可指爲營業增加之象徵，殊未敢言。但觀於農產數量之增進，則覺一九三二及一九三三年來，受銀匯跌落刺激而起之工業，雖已感覺衰沈，而農業生產，則並未因衰沈而有所減縮。

茲再就國內物價一爲比較，幅員廣大如中國，交通不便，運費昂貴，各地經濟情形又不同，各地之物價，自差異極大，不能以單一之指數代表之。現在已編各物價指數，大多均以商埠爲對象，如上海，天津、廣州、南京是。此種指數，當然不能代表國內大部分地方之物價。據上海國定稅則委員會所編之指數，則躉售物價以一九二六年爲一〇〇，一九二七年爲一〇四・四，一九二八年爲一〇一・七，一九二九年爲一〇四・五，一九三〇年爲一一四・八，一九三一年爲一二六・七，一九三二年爲一一二・四，一九三三年爲一〇三・八。而一九三四年之十二月則爲九九・〇。如以與該會所編輸出入物價相比，則在一九二九年以前，躉售物價比輸出入物價均低。但自一九三〇年銀匯跌落以後，躉售物價即比輸出物價高，而比輸入物價低。此蓋因躉售物價中包含有一部分進口洋貨，急劇漲價之故。在躉售物價之各分類指數中，以糧食類爲最低。自一九二六年以後，除上漲三次外，續趨跌落。在一九三三年內爲各類指數之最低者。一九三四年後半年，以荒歉故，稍見上漲。然比之其他各類指數，仍爲特低。紡織原料及製造品價格，亦日趨低落。至一九三四年底，乃與食糧價格同爲最低之指數。糧食類指數包含米（以國產爲主）麥麵粉大豆高粱及其他本國農產品。而紡織原料等一類之物品，則本國生絲之權數頗重。一九三〇年糧食類之漲價，及一九三一年紡織類之漲價，均屬短期性質，且比其他各類之漲價爲少。故就物價之相對情形言，則本國農產之地位，殊爲不利。因此而起財富分配之變動，當於下文詳之。

自一九三〇年銀匯跌落以後，以本國所產之原料製造從前與洋貨競爭之消費品，以抵制洋貨，從物價關係上觀察，乃非常厚利之事。此可以生產品原料品與消費品之相對的物價比較而得。國定稅委會之上海物價指數，係按工業性質分類，不適於爲此種比較。天津南開大學曾編有按加工程度分類之躉售物價指數。（平時兩種指數之結果頗多符合。）可依之推算如下：

	一九二七	一九二八	一九二九	一九三〇	一九三一	一九三二	一九三三	一九三四
原料品	一〇四·三三	一一一·〇八	一一一·五九	一一〇·四六	一〇六·〇二	九七·一九	八三·二〇	七四·七四
生產品	九七·二四	一〇〇·〇〇	一〇五·九〇	一一五·四八	一三九·三四	一一四·五九	一〇五·六四	一〇〇·一三

消費品	一〇五·三五	一一〇·三〇	一一四·一一	一三一·〇九	一三七·七六	一三三·三三	一一八·八三	一〇七·六六
消費品價格比原料品高低	一〇一	九九	一〇二	一三〇	一三九	一二六	一四三	一四四
消費品價格比生產品價格高低	一〇八	一一〇	一〇八	一一五	一〇六	一一五	一一三	一〇八

在一九三〇年以前，三種物價之變動，相距尙不甚遠。僅生產品價格依同一基年論比其他二種之平準稍低耳。一九三〇年起，物價平準破裂。消費品價格飛速上漲。生產品價格落後頗多，而原料品價格則反趨跌落。以國內生產品製造消費品，在一九二七以後各年，比之基年一九二六，均屬有利。但以國內原料品製造消費品，則自一九三〇年以後，始大爲有利。其價格相距之遠，卽表示利益之厚。對於消費品生產之刺激，自不待言。而同時農產品價格雖跌，農產品之產量並未減少。農民散漫無組織。農產物價跌後，大概或反以增加產量爲抵補物價跌落收益減少之損失。此種情形，在此次世界經濟衰沈期內，其他外國，亦復相同。因此之故，農產價格益跌，而其與消費品價格之平準，愈覺天差地遠。

第九章　中國經濟衰沈之原因

上章內曾將一九三〇年以後銀價變遷期內，中國國內經濟情形，概括敍述。但銀價之變遷，對於中國國內經濟情形究有何種關係，此為人人所關心之問題。凱因斯先生於所著 Mr. J. M. Keynes: A Treatise on Money 第一卷第三五六——三六三頁，曾發表意見，以為異本位國（例如金本位世界中之銀本位國）內進入國際市場之貨物（包括進口貨出口貨），其價格隨匯價而直接變動。「故可保護該國，避免因失業增加而致生產減小，財富損失。」「如匯價之變動使一國之貨幣貶值，則有國際市場之貨物價格上升，（即進出口物價上升）而僅有國內市場之物價不動。企業者自無不設法增加有國際市場之商品。於是出口貨及與進口貨競爭之產量均增加。而國際貿易之平衡乃得恢復。」如一國國際收支因有形貿易逆差大於無形貿易順差，而致失卻平衡，則「異本位國因匯價之跌落，國內經濟膨脹，而得恢復平衡。如國際收支係因有形貿易順差大於無形貿易逆差，而致失卻平衡時，則匯價之變動，將向經濟緊縮之方向進行。」換言之，即匯價跌則國內生產增加，進口減而出口增。匯價漲則國內生產減少，進口增而出口減。由此以往，乃得平衡。故依凱因斯先生之理論，銀價銀匯跌，則中國之生產增加，進口減少，而出口增加，經濟隆盛。銀匯銀價漲則反是，而經濟衰沈，失業增加。此種理論，在中國極為通行。且隨便引用。普通均以銀價之漲落為一九三〇年一九三一年經濟隆盛及一九三二年以後各年經濟衰沈唯一之原因。均以為銀價落，使中國出口增而進口減，國內生產增加銀價漲使中國出口減而進口增，國內生產減少。且以為銀價落時中國經濟適隆盛，銀價漲後中國經濟又適衰沈，遂引為不易之鐵證。其理論之根據點，全在於銀價漲落後國際貿易之變遷一點。

吾人於上文曾證明如進口物價上升不急，進口貨物數量確能因進口物價上升而減少，亦確能因進口物價下落而增加。故國內實業之與進口貨本處於競爭之地位者，如無意外事故亦確能於銀匯落時增產，於銀匯漲時少銷。至於出口貨則對於銀匯漲落之關係，殊不明確。出口之增減，對於世界經濟盛衰之關係，恐尤密於對於銀價上落之關係，故一九三二年以前各年之經濟隆盛，如謂由於出口貨量之增，以後各年之經濟衰沈，如謂其由於出口之減，似有未盡。出口數量在銀匯落時，事實上年年減少。迄後銀匯漲後，反稍見增加。

故進出口貨物數量之增減，並非國內生產盛衰之先決條件。匯價漲跌後，國內物價上落，對於國內生產，始有重要之影響。資本主義之生產，以圖利為目的。如一種物價，比之其製造成本高出甚多。生產有利。則苟無自然的或法律的禁限，其生產必增加。可不待貿易數量之擴充。蓋物價之上升，與生產之有利，即足以刺激圖利之生產也。貿易數量之擴充與否，乃在後之事。但貿易增加，亦實爲生產增加之必要條件。增加之生產，必須有銷路。而後其產量可以固定。其物價可以維持。否則雖一時因有利可圖而增加生產。終以生產無限制，銷路無把握，因而生產過剩，存貨積滯，物價跌落，失業增加，經濟衰沈，均爲不可免之現象。任何經濟社會，其消費生產與財富之分配必須保持相當平衡。此種平衡之局面，變動不居。如因一部分畸形發展而致擾亂平衡，則其他部分必有騷動。必須調整。此一調整之過程，即爲一商業循環之過程，由盛而衰，由衰而盛。

上章之末，曾列舉中國近年來原料品價格與消費品價格高低相差之巨。一部分雖因一九三〇及一九三一兩年消費品價格之上漲。而大部分則因原料品價格始終下跌之故。此種相對物價之變動，引起兩種結果。第一消費品之生產，從最初卽極爲有利。故一九三〇及一九三一兩年生產加速。連帶而地價高漲。然同時農產品之生產，並未減少，其價格又日趨跌落。第二則非但財富生產之方向變動如上述，而財富之分配，亦發生變動。如財富重行分配之結果，非但使全社會之購買力增加，且使工業產品雖增加，而其預期之消費者之購買力亦相等增加。則生產之增加，可獲得消費者之贊助，而其增產爲不虛，不幸一九三〇及一九三一兩年消費品增產後財富分配之結果並不如此。

第一則一九三〇及一九三一兩年，國內實業增加產量之時，國際貿易之入超，正與年俱增。一九三〇年比一九二九年入超增加二五六七九〇五六五元，一九三一年則增加四二六七七〇八三四元。一九三二年則增加四七七五四八四〇二元。一九三三年則增加三四四〇九六六三六元。一九三四年則增加一〇四八〇八三六三元。貨物入超之數，無論如何，必需清償無疑。洋貨入超增加若干，即國產品之總購買力減少若干，中國國內貿易總價值，究屬若干，國際貿易佔國內貿易之幾成，無可懸揣。然以我國內地人民生活程度之低，及每人所攤輸出入貿易額之少測之，則於短時期內入超之數增加一倍以上，其關於一般人民之購買力決非小事。且喪失購買力最甚者，尤以農民爲多。因中國之出口多屬農產，而農產之價格又跌落最巨也。第四章第十二表中曾列舉各類出口商品之價值。由該表可以推知食糧類及紡織物類之損失最重。因其平時出口之價值恆爲最多也。

國內總購買力已減少矣。而減少之後，又因銀匯之變遷，以致餘剩之總購買力，於消費及生產各階級間，又重爲分配。而其影響又不利於農民。上章中曾述及農產原料價格比成製消費品價格爲低。自一九二七至一九二九年，依南開大學所編之華北物價指數，成製品與原料品價格之變動相距不遠。農業之情況，並不比工業爲特壞（從物價關係上說）農產品與工業成製品之售價，尚有相當比例。售賣農產之所得，可以換得相當之成製品。一九三〇年起，情形大變。成製品價格猝然比上年上升百分之十七。比之農產品平均高出百分之二十。自此以後，原料品大大跌價，而成製品售價則比較堅挺。如與一九二六年基年相比，則一九三一年之農民，以百分之農產品，僅能購得七十七分之成製品。且所有物價均係根據上海之躉售物價計算。上海之工業品價格比較農人實付之價爲低，而上海之農產品價格則比農人出售所得之實價爲高。因沿途運輸費用，稅捐，及中間商人利益如一併計入，則必使內地之工業品價高而農業品價低。故實際上農產品之購買力，尤比上海物價指數所示爲低。估計農人之購買力因物價差異之故，從一九三〇年至一九三一年，減少約百分之三十。從一九三一年至一九三三年，又減少百分之三十。（金陵大學張履鸞先生計算江蘇武進之農產品購買力指數，一九三一年爲九六，一九三二年爲八八，一九三三年爲七〇。）除非農產品之交易數量曾有非常增加，可以抵消農產物價跌落之損失，則物價相對跌落之程度，明卽表示農業社會購買力減少之程度。但農產品之銷場，人口之增加，以及人類對於農產品之需要，決不能保持與農產品價格漲落相等之增減。故本來困窮之農業社會，近年財富之減少，極爲顯著。

新興工業因匯價跌落之刺激，得暫免洋貨競銷之痛苦。其增加之產品，尙未能推銷國外。大概全賴內地社會之消費。不幸當時雖因一時工業品價格之上漲，原料品價格之低廉，以爲有利可圖，胡亂增加生產。而內地社會之消費力，則正因工業品物價之上漲，農業品物價之跌落，而大受斲喪。故從最初以來，工業生產之增加，先已缺乏相當之銷場。一九三〇下半年及一九三一上半年表面上生產界之繁榮，乃無根之花。並無眞實之富力爲之後盾。故一經經濟上政治上之風暴，繁榮頓變爲恐慌。東三省九一八之事變，上海一二八之戰事，均使先天之弱點，一一暴露。一時間之金融恐慌，使以前依賴借貸融通之企業家，頗感困難。繼之而各國競貶幣值。雖農產原料之價格繼續下跌，其對於工業品價格兩者之間差異更大，然工業品之價格尤其與進口貨處於競爭地位者亦不能不隨而下降，生產亦見減退。工業生產除原料品價格之上落外，工資上落，及其他營業費用，均屬重要之成本。物價上升，營業興旺之年，工資雖漲而恆遲。生產增加則每一單位產品所擔負之營業費用小。但物價下落則債務之負擔與工資之負擔恆較重，而產額減少則每一單位產品之營業費用亦加重。況近年來之地價，因壟斷居奇及銀錢業投資過多之故，不能任其下降，以致租金負擔亦重。今物價既繼續下降。銷場又繼續減少。則在生產者方面說今日製造之商品，明日欲以廉價出售而不可得。從銀錢業方面說，今日抵押之放款，明日雖欲以折扣收回而不可得。金融與生產兩為債累。原料品雖跌價，生產之無力擴充可知。

工業品價格相對增加後，喪失其購買力者，尙不獨農業社會已也。工人階級及薪水階級人，均有同感。進口工業品及本國工業品之價格上升之時，工資與薪水常追隨不及。通常零售價格恆比躉售價格之感應為鈍。但在一九三〇年銀價劇跌之時，上海之生活費指數亦增加甚速。躉售物價指數在一九二九，一九三〇及一九三一年為一〇四・五，一一四・八及一二六・七。而生活費指數則為一〇七・九，一二一・八及一二五・九。我國尙無工資指數，可以比較。然此數年內，工資卽有增加，亦復甚微。假定名目工資，並無變更。則生活費指數從一〇七・九漲至一二五・九，卽係實質工資在三年以內減少百分之二十也。

生產增加之時，就工人數加多或使工資總額增加。卽工人之購買力增加。但一九三〇及一九三一年之增加生產者，大概均爲小資本小範圍之工業。基本工業如紗廠麵粉廠均不見佳。故增加之工人購買力，決不能抵消喪失之農人購買力及工資與薪水率減少之總數。此外依賴利息爲生之債主，及依賴田租爲生之地主，其進款均有定額。物價上漲時，購買力自亦相對減少。故在一九三〇及一九三一年，銀匯下落，國內生產表面上增加之時，大部分人之購買力正趨減少。僅生產者本身，及以低價進貨以高價出售之商人，或有增加消費之能力耳，因此增加之生產，大部份均不能得有購客。增加之生產，與上漲之物價，恰遇一無力之消費者，其前途自可推想而得。此種情形，可以各銀行之鈔券發行額證明之。

中國支票之行使不廣。種種交易如支付工資，零售，及房租等，類多使用現幣。故銀錢業之公單交換額可以代表生產，躉售，金融界之情形。而消費者之購買價值，則可以鈔票流通額代表之。鈔票之行使，近年頗爲推行盡致。自一九二八年以後，上海各發行銀行，亦常將發行額依時公布。雖各洋商銀行之發行額若干，始終無公布數字，然其流通額不廣，故無關重要。上海各銀行發行之鈔票，並非僅限上海一處使用。其他與上海金融上互相關聯之各埠，亦能使用。其使用範圍之廣狹，又依各銀行自身之地位與民衆之信用而定。中央銀行之發行額，尤隨政治勢力之擴張而推廣。中央軍在華北及西北之勝利，有助於中央銀行鈔票之

第二十六表

上海各銀行鈔券發行額表

年份	發行銀行數	每月平均發行額（千元）		比數	
		連中央銀行	不連中央銀行	連中央銀行	不連中央銀行
1928	8	230,953	224,187	100	100
1929	8	265,591	246,462	115	110
1930	9	302,302	284,867	131	127
1931	9	297,095	264,423	129	118
1932	9	245,164	215,005	106	96
1933	9	285,194	231,557	123	103
1934	10	355,919	280,230	154	125

推廣甚多。實於商業盛衰之發行額有異。茲將上海各銀行之鈔票發行額，連中央銀行與不連中央銀行，分別列於第二十六表。表中數字，亦須除去長期加減之趨勢。據中國銀行一九三二年重要銀行營業概況研究所載一九二二年至一九三三年全國各銀行之鈔票發行額推算則鈔票每年之增加額，約爲百分之十五。以實際發行額算作長期趨勢之百分比，則其結果如下。

年份	一九二八	一九二九	一九三〇	一九三一	一九三二	一九三三	一九三四
連中央銀行	一〇〇	一〇〇	一〇一	八九	六七	七一	八一
不連中央銀行	一〇〇	九六	九八	八二	六〇	五九	六六

如以銀錢業票據交換額，亦改以一九二八年爲基年，而與上數相比較。則

年份	一九二八	一九二九	一九三〇	一九三一	一九三二	一九三三	一九三四
票據交換額	一〇〇	一〇八	一二四	一三七	一〇〇	八二	九二

一九三〇及一九三一年票據交換額雖增加，而鈔票流通額則反減少。（有報告之發行銀行，是年增加一家，否則減少更多。）吾人既無理由可以證明在此短期間內，鈔票之流轉速率，曾有非常之增加。則工業生產因銀匯跌落而增加之時，亦即貿易總價値因物價上升財富分配不匀而減少之時，彰彰明甚。

一九三二年以後經濟衰沈之種子，自一九三〇年表面上經濟隆盛時，卽已播下矣。生產之數量，不與購買力之數量相稱。資本家不能有商品而無市場。則衰沈之來，乃不可免之事。然今日經濟衰沈之忽然於短期間內遽達嚴重之地步者，未始非國外銀購買力及中國銀匯匯率隨銀價急速上漲之故。銀匯漲後，中國之國際貿易逆差，雖稍減少。然國內之物價劇烈下降。雖理論上匯率漲落，對於各類貨物價格之影響並無分別。然其間亦必然附帶若干差別之性質。使財富分配發生變動，更不利於經濟之恢復。（註一）在世界經濟衰沈開始之初，中國之農產品價格已極低下。幸因銀匯之跌落，進口物價之擡高，而暫時得免繼續跌落之困難。自銀匯上升後，進口物價低落，國內物價不能不隨之下降，以求平準。於是農業生產，大都不敷成本。卽若干工業生產亦然。但其成本各項，則並不一律減輕。例如上海米價每擔五元七角半時，長沙產地之米價每擔僅二元八角。其間相差二元九角半。大概卽代表捐稅運輸中牙之費用，其數目均屬固定者爲多。米價十元時擔負二元九角半之雜費，與米價五元時之擔負，自不可同日而語。故物價愈跌，固定費用之擔負愈重，而農人之淨收入愈少。工業方面之情形亦復相仿。除運費捐稅等固定費用外，工資債務地租及營業費之負擔，亦於物價跌落時爲重。故市場之物價跌，而生產者所得之售價更跌。卽向來生產者所得之財富，現乃爲中間階級以捐稅中牙運輸裝卸保險利息地租等等之名目所分潤。生產者所淨得之售價，乃致不敷生產之成本。而藉借款以維持生產者，甚至不敷債務之費用。於是而生產停頓，工廠閉門，田地荒蕪，經濟制度破裂。而財富之生產減少，失業與盜賊兩兩增加。經濟衰沉之狀況，因之自更嚴重。一九三四之鈔票發行額，比之票據交換額減少尚多。如鈔票發行額確能代表消費社會之購買力，而兩者間之比率確能約略表示消費界與生產界之關係，則一九三五之前途實難樂觀。

論者對於中國經濟衰沉之原因，推論不一。銀匯跌落有暫時刺激國內生產之效力，銀匯漲高有阻礙國內生產之效力，乃不易之論。但銀匯如繼續跌落生產能否繼續增加。銀匯如安定不動，一九三〇年表面上之繁榮，能否生根結果，均屬疑問。凡主張一九三二年以後銀匯上升爲此次衰沉之根本原因者，自抱銀匯不漲，繁榮可久之見解。此其不確無待贅言。一九三〇年銀匯之跌落，雖使進口物價劇烈上升，並未使國內物價相當上升。物價間之差異，遂成致命之傷。盲目之生產，更使經濟平衡破裂。財富分配失當，而最後乃至崩潰。如銀價銀匯再跌，進口物價再漲，國內工業產品之價格亦隨之而漲，則其與農產品價格之差異，亦必愈大，而財富分配之不利於農業社會亦更甚。雖一九三〇時生產者惑於物價之上升，生產之利益，曾增加生產。然生產之貨，既無銷路，祇有擱存，則前車不遠，再行增產之事，殆不可能。即令銀匯能再如一九三〇及一九三一年之劇落，資本家之神經，已經虛弱，殆不堪再受此激刺。即使生產又復增加，亦無非爲將來重重崩潰重重衰沉之地步。一國之產業，須經過數十百年之努力與苦鬭，始能確植根基。不能因銀匯之漲落而有僥倖之機會。故一九三二年以後之銀匯，即使不漲，亦不能避免經濟衰沉之結果。但銀匯之漲，則使衰沈之來較速較重而已。

此次世界經濟衰沈期內，有若干著名之經濟學家，均以通貨收縮爲衰沈之主動力。故主張通貨恢復，或通貨膨脹，以爲對症發藥之計。中國經濟學者，以爲銀匯之漲，卽等於通貨收縮。故亦不無歆羨通貨膨脹之意。而以銀匯之繼續下落爲得計。兩者均以對外貨幣貶值爲目的，其間亦確有相似之點。但通貨膨脹卽使有普遍同等提高物價之效力，而農產物價已經跌落極多。如以相等比例提高則相對價與絕對差均將增大，於農人更不利。工人及薪水階級之有固定收入，而並無商品出售者，其購買力將減少且通貨一次膨脹，往往必須反復爲之，始有繼續刺激之效。而反復爲之，則將使物價之差異更大。僅憑物價之上漲，不能消除經濟衰沈之原因。蓋物價非但跌落，且於跌落中更有高低之頗偏。必須使之恢復平衡，而後繁榮乃可幾及也。物價高低差異，其病根不在於金融方面，而在於物價各自變動之不能呼應，故僅僅貶低貨幣之對外價值，卽使能阻遏物價下降之趨勢，亦不能改正其相互之差異。如降低匯價之目的，僅在使一部份與洋貨競爭之產業，得到若干保護，則尙不如設法施行差別之進口關稅，輔以其他改革如改善推銷制度，及減輕苛捐雜稅等，較爲合理而有效。

至於安定銀價之說，則吾人不能無疑。第一吾人先問銀價將何所根據而安定，是否根據金價而安定其比例。抑係根據麥價，抑係根據棉花價，抑係其他物價，如謂根據一般物價平準而安定，則其意殆近於許多經濟學者欲將金價繫定於一般物價之理論。例如馬夏爾教授所倡依物價上落而定幣值之 Tabular Standard。及斐歇教授所倡之補償金元制 Compensated Dollar 等均是。此等理論，現在能否實現，至少就中國說，殆無多希望。一則一般物價卽爲不易決定之理想。究竟銀價應繫定於中國物價，抑外國物價，如係外國物價，則又究爲何國之物價。第二則銀之爲物，既爲有國際市場之商品，又爲重要礦產之副產。欲施以嚴格之控制，使其價格與其他物價常保平衡，乃不可能之事。此種控制須使銀價能隨時伸縮，以應物價。比之僅僅以提高價格爲目的之控制生產問題不同，困難倍多。如此等條件不能實踐，則安定之銀價渺不可得。

通常所稱安定銀價，係指金銀比價而言。倫敦協定之簽訂，卽以安定此種比價爲目標。但金價對其他物價工價之比例，亦復常有上落。且其上落之程度，不比銀價之上落爲小。吾人於首章卽已論及。在中國之立場言，如以銀價繫定於金價，無異以金價之上落，替換銀價之上落。以暴易暴，未見其利。如銀價果能繫定於金價，則中國之匯價，亦卽繫住於金價。雖無虛金本位之機構，而有其效用。有其利益，亦有其弊害。如世界各國仍回復於金本位，則中國國際貿易因匯價之安定，或可望其進步。但許多經濟學者及實業家所慶幸讚嘆於銀匯跌價之利益，亦將從此一掃而盡。而中國對於世界經濟之衰沈與困難，亦必須準備更密切之牽纏。如經濟社會之各階段間，根本上有未能平衡之處，則銀價雖安定，產業界之情形亦不能因之而遽臻安定及鞏固。事實上金銀價格之比例，在一九三二一九三三及一九三四年內，幾可謂其已近安定之域。但中國經濟界之困難，基礎不固事業之清理，並不能因之而避免。今者世界各國，已相率脫離金本位。除非有奇特之理由，以爲中國幣制，應加入歐洲之金集團國，則將銀價繫定於金價，乃全無利益之事。

（註一）參閱 Sir Henry Strakosch, The Economic Consequences of Changes in the value of Gold in Selected Documents Submitted to the Gold Delegation, League of Nations.

第十章 結論

前九章中已分析銀價變遷對於中國經濟界各方面之影響。尙有若干羣議紛紜之問題，留待此章，重加申述。問題有三。

（一）究竟銀價以上漲爲有益抑以下降爲有益。

（二）中國應否禁銀出口。

（三）中國應否採取金本位或虛金本位或仍維持銀本位。

關於第一問題，以前各章已隨時申述其利害。就中國之立場言。銀價漲有利亦有弊。銀價跌亦復如是。要在國人之善自應付，用其利而防其弊。銀價跌，進口物價高出口物價低，增加國內之生產與就業人數，此爲其利。但亦並非一成不變者。銀價漲跌之速率與程度，極有關係。如銀價徐徐下降，則國內經濟界所受之擾亂不大，而有溫和刺激之功用。國際收支可望改善。國內生產可望發展。物價可望漸漲。財富之分配不致失當。全社會之生產增加，各階級之消費亦相當增加。而生活程度可以提高。此時國際貿易之淨貿易率，雖於中國爲不利，必須輸出多量之貨物，始可以易少量之洋貨。然權衡輕重，終屬利多於害。但銀價跌落而同時世界經濟衰沈正烈，則出口貨物之價格與數量均減少。國內財富分配或將失平，而使國內生產之發展不能十分順利。究竟銀價跌落之利益，是否不致完全抹殺，不易斷言。

銀價上漲雖使國際貿易率改善，使進口之必需品，國內不宜生產或不能大量生產之貨品，得以較廉之價輸入。亦有提高生活程度之功。然同時刺激消耗品奢侈品之進口。大部分民衆餓死塡溝壑，而脂粉煙酒之輸入數量驚人，自非合理之舉。而於國內實業之與進口貨處於競爭地位者，尤爲不利。推其極，必阻礙國內資本發展，延遲工業化之過程，而減少就業之機會，又不得不轉而降低生產效率與生活程度。換言之。卽促進中國之殖民地化。

但無論如何，銀價之漲跌，如係過驟過劇，則斷斷其爲有害而無利。因物價金融貿易之順應，恆需相當時日。對於過驟過劇之變動，不能適宜順應。一九三〇年及一九三一年銀匯之劇烈下落，及以後三年之劇烈上漲。對於中國無論如何均爲有害。

銀匯跌落雖有刺激國內產業之功。然用之不當，則害亦甚多。匯價之變遷，乃不可捉摸之事。故匯價刺激而來之新產業，包含危險之成分甚多。如不顧國內當時消費者收入之相對的增減，而妄爲無秩序之增產，則一九三〇年以來之經驗，殷鑒不遠。今之論者，反欲藉匯價之下降，代關稅之保護。不知其間之差異極大。施行保護關稅，必須嚴爲差別。何者應予保護。何者不予保護。雖極狹義之愛國主義者，極妄誕之政治家，亦決無主張全體產業一律保護之理。保護關稅，僅能以之保護可以在國內以最經濟條件生產而現爲進口洋貨所扼之產業。不能以之保護在國內不能生產，不宜生產，或就其國內經濟階段，現時不便生產之貨物，保護關稅之稅率，亦不能劃一無二。有需要高度保護稅者。有需要低度保護稅者。有因保護此一產業，而同時不能保護其相關之產業者。工業生產者決不歡迎對於其所用之原料加征重稅。而原料生產者又往往不願消費品價格之上漲。普遍之保護關稅，可使大衆生活程度爲之降低。而原料品成製品無差別之保護，除爽快之加稅外，彼此相殺，全無保護稅之價値。且工業生產之發展，需要相當時期。人不能揠苗以助長。大工業之需要大資本與大批熟練工人者尤甚。如欲以保護關稅促其發展，則政府之保護政策，必先得廠商之信賴。使其於相當時期內，可以放手發展。如今日保護，而明日撤消。使人才資力徒然消耗，尙不如不予保護之爲愈。蓋其對於工人之職業，與企業家之心理，均有極不良之影響也。

銀匯漲跌不可捉摸，正如今日保護而明日撤消。且銀匯跌落對於各業之影響相等，又如不分差別之加稅。其爲有害殆無可疑。至於出口貨物則在今日國家資本主義披猖之時，其爲效亦殊有限。銀匯跌落未及使出口增加，而外國之稅率先漲。過去數年之經驗，銀匯落時，出口均無加增也。

至於銀匯上漲，雖於國內實業發展爲不利。然亦未嘗不可藉差別關稅之力以矯正之。總之，銀匯之高低，各有利弊。而一漲一跌，變動不居，則爲有損無益之舉。銀價高低，既非中國所能主。則中國惟有設法免除銀價上落之禍害，誠如是。則與其呼籲銀價之勿漲，何如設法防止銀價上漲之惡影響，而利用其有益之點。故吾人對於第一問題之答案如下：

從消費者之立場言：銀匯高漲，並非無利。進口必需品之價格，可以減低。而國際貿易平衡，亦較易維持。銀匯漲落對於國際收支之其他無形項目，似無顯明之影響。故國際收支平衡，亦將因貿易平衡之改善而進步。而現銀流出之患，可以自戢。

但從生產者之立場言，匯價漲高後必須建立相當之關稅壁壘，使不需要而有害之進口貨，不得入口。對於幣值跌落各國之進口貨，應立法特別加征其進口稅。其稅率應有計畫地隨時增減。務使國外物價平準之變動，及國際匯價之變動，適被隨時變動之稅率所沖消。使被保護之實業有常規之保護稅，而國內物價，亦因此而得免擾亂。惟欲實行此種關稅，則眞實之關稅自主權，自屬首要，而各國之進口貨，既須課之以不同之進口稅，則最惠國待遇之條款，亦自須首先取消。同時對於現有生產事業，必須澈底整理，以免不健全之事業，藉保護稅之障蔽，而增加社會之負擔。

至於出口業，則出口稅第一先當取消。如開店營業，而對於上門之顧客，先抽一種罰金，則誰願受罰而光顧者。進口原料之非本國所能充分供給而又爲國內生產所必需者，應減低其進口稅，使本國出品成本廉而可以推銷於國外。如一方面增加原棉進口稅，而他方面減低棉紗進口稅，則是保護棉農而摧殘紗廠之舉也。出口商業亦可給予種種津貼及獎勵。卽可以增加進口稅之款項撥充之。總之，中國生產不敷消費。衣食仰給於進口。如移出口之生產爲國內消費之生產。雖使出口業減至極小，對於全國經濟亦未必有何重大損失。僅生產之方向，須稍予變更耳。

關於第二問題禁銀出口一層。問題之焦點，不在於銀出口之當禁與否，而在於禁銀出口之能否有效。中國之經濟組織，未必適宜於通貨管理制度。如紙本位而可以避免者，亦無人願行紙本位。但銀之出口如繼續不已，而危害及於中國之信用組織，則禁銀出口，殆爲應急上不可避免之事。亦卽爲中國避免濫發不兌換紙幣之最後努力。但亦有人以爲禁銀出口可利用之以爲振興中國經濟之一種方略。吾人今就此點加以討論。

論者以爲一九三四年現銀大量出口以來，上海銀錢業咸抱警戒之心，舊放款多收回，新放款又減少。以致從前依賴此等銀錢業融通之實業，陷於困難，而造成商業衰沈之現象。物價跌落，生產減少，貿易蕭條，失業增加。銀錢業之警戒政策，誠與今日之金融恐慌不無關係。但對於一九三二年以來長時期之商業衰沈，則不能盡歸咎於銀錢業。自中日一二八事變後，以迄一九三四年秋季，上海各銀行庫存現銀，有加無減。利率鬆弛非常。故衰沈期內之通貨準備並不缺乏。所缺乏者乃流通之通貨也。卽在一九三四年九月，屢次大宗運銀出口後，上海存銀，仍比一九三〇及一九三一年繁盛期內，任何一月之存銀爲高。如生產界有需銀周轉之必要，則先應設法將現存無用之銀，儘量利用，而不必徒以防止其出口為前提也。

贊成貨幣數量說之人，恆以為寬放信用可以擡高物價，使其恢復以前之平準，而避免商業衰沈。貨幣數量說為理論上爭議不決之問題，吾人可暫勿討論。（註一）如通貨數量（現幣及信用放款）(M)貿易數量(T)及通貨周轉率(V)均已一定，則物價平準(P)或者即被此三者之關係，依 $MV=PT$ 之公式所決定。如通貨數量增加，則物價或者亦將隨之增加。但究竟通貨數量能否以勉強方法使之增加，則並非貨幣數量說本身內之事，貨幣數量說所稱物價與通貨數量之關係，僅於闡明其關係而後止。強增通貨以圖提高物價，則為一種執行之手段。斐歇教授 $MV=PT$ 之公式，及凱因斯先生 $P=\frac{E}{O}+\frac{I'-S}{R}$ 之公式，均為解釋其相互關係而設。並不以為公式中之任何一項，可以隨意改動以提高物價。即此等公式之原著者亦以為社會總收入(E)，投資貨物之生產成本(I')，儲蓄數額(S)，及其相互關係貨幣及信用之數額(M)及其周轉率(V)，均非隨意可以改動之事。通常金融之伸縮，恆隨產業之盛衰。並非產業之盛衰反被金融所支配（其互相影響處，當然亦甚多。）如當時社會上財富收入之分配，不能適應當時之生產，則利率即使低下，產業亦難發展。利率低，拆息賤，僅為種種刺激生產條件之一種，而又非最重要之一種。如商品無銷路，則生產者決不因借款容易而增加生產。即使工業界勉強增加生產，即使商人亦勉強多備存貨，如無人購買，則終不能長此增加。美國聯邦準備局總裁司脫郎於美國國會幣制安定委員會作證時曾言：「人以爲物價之上下，似隨砝碼（指信用通貨）之輕重。如嫌物價跌，則增加砝碼而物價漲。如嫌物價漲則減少砝碼而物價跌。但物價問題實不如此簡單。除信用通貨之數量及利率外，影響於物價之事物極多極多」。故生產不能增加，如並非由於金融上之困難，而另有其眞實之原因者，減輕利率，並不能增加生產。徒使放出之款，爲投機者利用，以造成地產股票債劵之高價而已。雖證劵漲價則證劵之利息減少，因之對於長期放款之利率，亦有牽連下降之可能，未嘗不有助於生產。但如以政府公債標金外匯爲投機之對象，則有害而無利。

且美國聯邦準備局，各國中央銀行，藉貼現率轉貼現率及公開市場賣買之運用，對於信用通貨之數量，即不能完全爲嚴格之管理，亦尙有相當影響。若在中國，則並此而無之。信用放款之權，散於各銀行錢莊之手。中央銀行，對之不能爲切實而有計畫之管理。放款之數量一任銀錢業自私自利之決擇。如商業興隆，商人借款多時，信用通貨之供給，或不致過於遲鈍。但當商業衰沈，借款減少時，而欲其設法寬放款項，則爲難能之事。蓋銀錢業多處被動地位也。中央銀行並無公開市場買賣之武器。因各商業銀行對中央銀行並無存款，即使中央銀行在公開市場收購票據，各商業銀行之準備，不致發生影響。而中央銀行所以創造新信用通貨之力量，亦即有限之至。在商業衰沈之時，各銀行既無單獨維持市面之責，反有履冰蹈淵之懼，則對於不甚可靠之借款，自不肯輕易承借。故僅以保存現銀爲事，不能恢復中國之生產。

假如禁銀出口，則其結果如何。上章中，我人已說明近來現銀之出口，乃係中國國際收支不平衡之結果。近月以來之大宗流出，雖因銀匯高漲，及謠言孔熾，雙重壓迫下之資本逃亡。然逃亡之資本，亦多爲前數年國際收支逆差可匯未匯之暫存資金。此項資金，事實上等於短期借款。如欲設法防其流出，或者尚可辦到。但短期借款既有隨時外流之可能，則暫留國內，無非增加銀匯市場之危險。如上文所估之數不謬，則此等暫存待匯未匯之款，約在一萬萬元左右。照現在一九三四年九月底之現銀存底觀，似尚足以擔負此種匯款而無妨。如資本流出，不致於侵入實業生產之範圍，不致於因提款外流而強迫現有之實業清理結束，則對於積存無用而僅足以增加匯市不安定性之現銀，縱使外流，亦殊無特別慌亂之理由。現銀外流所表示之危險的象徵，仍在於國際收支之不平衡。故必須有根本上之調整。使物價與生活程度之變化，能保證有形無形貿易之均勢。暫時急救之計畫，行之未必有利。至於禁止現銀出口，則並非對時之救藥，而僅爲時勢迫成之下策。根據過去三數年之經驗，進口物價之上落，對於國際貿易逆差之影響，大於物價漲跌後貨物數量之增減。故禁銀出口之結果，國際貿易之逆差，或將增加。而無形收入能否因此增加，則並無把握。（無形收支似不受匯價漲落之影響。）一九三〇及一九三一年匯價之跌，已使中國國際收支從有餘變爲不足。如再以人爲之方法，對於本應匯出之款，阻令不匯，則中國貨幣之對外價值，將跌落至實値以下。輸銀出口眞成有利可圖，私運紛起，禁絕爲難，正如禁金出口後之私運現金出口無法禁絕也。

當一九三〇年銀匯跌落之時。有人主張禁銀進口。予雖不信現銀向中國傾售之說，而亦贊同主張禁銀進口。蓋恐銀匯之跌落過劇，既使中國受害。現銀之供給過剩，又慮信用之擴張無度。初未料兩年來極度盲目之膨脹，一轉眼間，造成今日如此悲慘之現象。當一九三〇年時，中國國際收支尙屬有餘。故僅須將出口匯款之數量及時期，依進口匯款之季節變動，酌爲調整。則縱不無技術上之困難，匯價應可維持於匯兌平價以上而現銀可不致輸入。（至於匯兌平價自仍隨銀價而上落。）但於國際收支不敷之時，匯率已在銀輸出點以下，而禁銀出口，則其事恰相反。蓋有餘而禁其入口，愈禁則匯率愈高。不足而禁其出口，愈禁則匯率愈低，今日雖受匯率漲高之害，而匯率低落，其害亦未嘗較輕。故吾人對於第二問題之答案，爲禁銀出口，或類似禁銀出口之舉動，非至萬不得已，資本逃亡侵害及於實業之生存，不宜輕易爲之。近來鈔票日見推廣，雖內地亦多通行。銀幣之流通，在今日已非絕對必需。爲節省銀之用途計，如現銀繼續外流，存銀有不敷周轉之慮，則銀幣之流通，可以減少。造幣廠可以停工。一面方加工鑄幣，一面又將銀幣輸出復鎔爲銀，此種現象，似屬無謂。如至最後地步而仍不能不採取相當舉動以保護現銀，則與其禁銀出口，尙不如征收出口稅。相當之出口稅，可以妨礙資本之外流。而於必需輸現出口時，則可由中央銀行當局免稅運出，以清結國外之債務。如此則中央銀行可藉銀出口稅之辦法，而集中現銀輸出入之權。但須對於匯市之上落，有正確之認識耳。

第三問題爲中國之本位幣問題。複本位制，合金本位制，(Symmetalism) 及其他學院中理想之本位，可以暫置不論。中國不能以其幣制供試驗之用。理想中之本位，無論用金用銀，總須可以應付貿易及生產之資金。維持國內外經濟之平衡，而同時又容許其發展。如有失諸之處，無論係暫時或永久性質，亦無論係外界或內部原因，又須有隨時糾正之機能。且須敏捷正確最經濟而最有效。若懸此一標，則國際共通本位（例如未廢前之金本位）與一國孤立本位（例如銀本位），均不能謂爲完美。一國對於國際貿易及國際金融，卽使採用孤立本位，亦不能完全絕緣。國際經濟界之變動與國內經濟界之變動，可各不相謀而發生。無論何種貨幣本位，不能兩全。如欲維持國際間之平衡，則國內平衡不能不發生相應之變動，同樣。國內變動對於國際平衡，亦必有影響。

但孤立本位與共通本位，對於順應變動之機能，卻各有不同。在孤立本位制下，國際平衡之變動。先影響滙率。次而及於國際商品之物價。次而及其貿易數量。國際商品之物價與貿易數量既有變動，則國內物價與貿易量自亦不能無動。例如國際貿易減少，則國內貿易增加以補其缺。國際貿易增加，則國內貿易被擠減少是也。外界之變動，直接影響於國際貿易，而間接影響於國內貿易。在此兩者之間，則一有承轉之期間。國內生產與貿易，必需依國際貿易變動之方向及程度，而設法調整。此等調整，與國內物價工資生產及消費之趨向及數量，均有關係。並非一蹴可幾。而需要相當時間。有時外界變動，過於劇烈，則孤立本位國國內經濟調整之過程自然更難。但在異本位國間，資本之流動不甚銳敏。國外利率上落之影響，並不如同本位國間之巨。此乃孤立本位之長處。然其短處，則孤立本位國因不能獲得短期資金隨時融通之利益，而減少無謂調整之痛苦。且中國經濟發展時，甚需外國資本贊助（惟帶有政治野心者當然不歡迎）。如長此維持銀本位，則資本輸入較爲困難。

如採用國際共通本位（例如未破裂前之金本位），則國內經濟平準，所受外界變動之影響，較孤立本位爲尤甚。外國之貼現率如有變更，如不設法糾正，則國際借貸變化現金流動，均可發生。使國內經濟平準，受其牽累。國內正須放低利率，而外國利率或竟漲高。如將國內利率提高，則侵害國內產業。如不提高，則資本將流出。欲使國內外經濟得勻和之調整，極爲困難。正如凱因斯先生之言，「如對外放款之流動性大，國內工資之伸縮性小，本國出口貨之需求線不易變動，而本國投資界之需求容易上落，則從國內平準之一點，移向他點，以適應國際變動之平準，其過程必艱澀而遲緩」。

以金計算之物價，其上落之劇烈，未嘗輕於以銀計算之物價。金本位之維持國內平衡，未嘗比之銀本位爲佳。虛金本位亦然。蓋虛金本位之價值維繫於金，實際上仍爲一國際共通本位也。而虛金本位則又另有維持一定金匯率之困難。依中國國際收支之不敷情形論，非有極大之金準備，不足以應付外匯之要求。而於銀匯價低下之時籌集大宗金準備，自更不易。且自國際信用機構破壞以後，各中央銀行彼此間之信任，較前薄弱。虛金本位國忽然大宗提現，金本位國忽然拒絕提現，均非不可能之事。故以大宗準備金存放外國，供虛金本位之流轉，非但於虛金本位國有危險，卽收受存款之金本位國亦有隨時被擠之危險。且金本位國對於外國政府存放於商業銀行之活期存款，無法統制。如虛金本位國以之隨時收購票據，或將票據貼現，尤難稽核。因而技術上亦無法爲之準備提現。（註二）

任何貨幣本位，不能完美無疵。各有利弊。究竟何種本位比較相宜，要須視一國當時經濟發展之情形而定。且尤有賴於中央財政當局權衡國內外經濟平衡之輕重而加以適當之統制。但無論如何，貨幣本位，並非萬能之神，而僅爲經濟體系中之一部分，以之輔助其他部份之發展。中國所切要者，在於增加生產。提高生產效率及生活程度。減少失業與貧窮。並以整理農村經濟。其國家性之重要顯然。且並非單純之金融政策所可奏效。必須從根本點着想。我個人之意，以爲有計畫之統制經濟，爲最有效，最省儉（卽最少浪費）之辦法。金融政策僅能以之作爲輔助統制經濟之一道。但中國是否完全抄襲他國之經濟建設計劃，不加以重要之更張，予則不能無疑。中國之人口，已苦過剩。僅僅維持全人口之生活，已需消費現有生產力之絕大部分。所能餘剩以作資本建設之用者，縱非無有，亦已不多。饑餓之產業預備軍，不計工資之高低，而爲切膚之競爭，使工業化之進展，卽無帝國主義之束縛，亦不能十分迅速。如忽然有神奇之魔術，發展一部分之工業，則忽然間生產方向轉變後所引起之勞動羣衆職業問題，或將比長時期習慣性之貧窮問題更爲嚴重。故中國經濟之發展宜稍以穩健出之。先注意衣食之解決，以免一時間之大擾亂。

當工業革命之時，舊式工藝失敗，必有一部分失業問題。此本無足奇者。但在典型式之工業革命下，失業之工人，不久必爲新興之工業所吸收。過去一百年間，洋貨進口，舊式工業淘汰，農村經濟解體，饒有工業革命之味，而無其福。則中國之新工業始終不能興起也。在崩潰之農業中國內，所挺起者，非新興之工業胚胎，而爲流寇，爲飢民。故中國急須採行絕對有效之方法，管理進出口貿易及無形收支。務使國際收支抵沖後，有餘資可供投資建設之用。出口之貨物與勞務，依世界市場價格出售，而其數量則務適合進口貨物勞務之總價值。進口貨物勞務之數量，則務使適合出口貨物勞務之價值。債務債權亦務使互相平衡。如是而國際平衡有意識地可以保持。換言之，貿易統制及匯兌統制實行，卽爲最高級絕對保護之成功。如是則貨幣本位之爲金爲銀，已成爲次要之問題。中國之匯率，此時已不受外界事物之影響，而可以於預定計劃下，使之安定。財政當局，既無顧慮國際金融紛擾之危險。貨幣制度兩重困難中之一重，卽已解決。所餘者僅有如何以充分通貨供給市場，使預定之生產計劃得以圓滿進行一事。當此之時，自有比貼現政策公開市場政策更直接更簡單而更有效之辦法。國內經濟之發展，既不受外界變動之擾亂，亦不受國際關係之影響。比之今日之貨幣制度，終年累月僅處被動之地位，汗流浹背，僅以適應國際變遷爲能事，而於國家根本大計，反不能克盡負荷之責者，相去何啻霄壤。

此種金融組織根本上之變更，一方面自需要政治上社會上相類之變更。他方面亦需要長時期之犧牲，忍耐，與堅毅不拔之精神。尤以在轉變之過程中爲然。多難興邦，古有明言。不此之圖，則金本位與銀本位，兩無是處。

（註一）貨幣數量說之根本原則，今方受奧國經濟學派嚴重之批評參閱 F. A. Hayek, Prices and Production,

（註二）參閱 F. Meynarski, The Reform of the Gold Exchange Standard 載在 Selected Documents Submitted to the Gold Delegation, League of Nations

書後

本書脫稿於民國二十三年秋季。自是以後。政府對於現銀之外流及經濟界之恐慌。已有若干救濟之設施。國際情勢。既有轉變。統計資料。亦有續出。而本書之西文稿出版後。中外人士。對於本問題之解釋與主張。亦頗有與著者出入之處。使著者得有充分討論之機會。因而更得發揮本書所述之論證。新材料之可以插入本書者。業已隨地插入。其因行文關係。不便加插。而於本問題之討論。頗有關係者。願藉此書後數頁之地。撮要敍述。以明最近之情形。

二十三年十月十四日財政部令。從十五日起。出口現銀征稅百分之十。銀幣及廠條征稅百分之七·七五。如倫敦銀價折合上海匯兌之比價。與中央銀行當日照市核定之匯價。相差之數。除繳納上述出口稅而仍有不足時。應按其不足之數。並行加征平衡稅。征稅之動機。爲（一）現銀出口漸多。富源日竭。（二）銀價高漲。國內物價跌落。而征稅之目的。則（一）在於保存幣材。（二）在於維持國際匯價之平衡。（三）使銀價與一般物價不致相差過鉅。（見上海四團體呈文及部令。）同時並設置委員會。賦以平準匯兌之責。實行迄今。已將一年。成敗之數。差可推論。

征稅之最大目的。在於防止現銀之外流。自十月十五以後報運出口之銀確已寥寥。惟私運出口之鉅。

雖禁不減據英文金融商業報估計每日運出之數達二十萬元。（見二十四年五月二十九日報）最初數

月。大多均係由上海運往各地。然後再以運往近處香港及日本私運之數。旣不登載海關或其他機關之統

計。故確數難以稽考。然據路透電訊。英美兩處從日本及香港運入之現銀。爲數甚鉅。而近數月內。且有加無

已。（例如二十四年二、三兩月從中國日本香港流往英美之現銀。共計約值七百十六萬元。而同年六月份

一月流出之數卽達二千一百八十四萬元。按香港政府於六月十五起禁止將我國銀幣銀條運往他國。此

路現殆告絕）上海中外各銀行乃協議互不運銀出口。同時對於紙幣之兌現雖力防止。故上海之存銀雖

自去年九月之四萬萬五千一百三十萬元。減至十二月之三萬萬三千五百萬元。然自二十四年一月以後。

因政府兩次在海外購銀之故。存銀反略有增加。中國現銀之在民間流通者估計殆於三四倍於上海各銀行

之庫存。故各銀行縱將庫門封閉。而現銀之自民間流出者迄不少。故政府爲鼓勵現銀輸入計更規定自二

月十九日以後輸入之銀。復出口時。不再徵稅。然亦未見效果。徵收銀出口稅之第一目的保存幣材可謂爲

未曾達到。今日各銀行庫存之所以得不致流出者。非因徵稅之故。乃因各銀行協定不再輸銀出口及事實

上限制兌現之故。

征收銀出口稅及平衡稅後之最初數日匯價劇烈下降。低於平價達百分之二十四。自是以後匯率之

變動。仍極紊亂。有一時期。匯率恢復。低於平價僅百分之七。僅征收銀出口稅卽已足敷。但四五六數月。匯價又大低於平價。幾達百分之四十。自去年十月以至本年一月。國外銀價。無多上落。匯價常維持於英金一先令六辨士美金三十三四元左右。頗有穩定之概。二月以後。銀價上升。匯價隨之。依理中央銀行既有規定平衡稅之權。本可自由規定匯價。不必隨銀價爲轉移。如銀價上升。可將平衡稅加重。卽係將匯價壓低。但中央銀行之匯價。若特別低於其他銀行。則人之有外匯可售者。均將向中央求售。甚至外商銀行。亦來求售。是則中央銀行有限之存銀。當市場金融緊迫之秋。將爲其他銀行所吸收。故當銀價上升之時。中央銀行之匯價。亦不得不隨各銀行之匯價而上升。並據報載最近數星期。中央銀行且已確切放棄維持匯價之工作。於是征收銀稅之第二目的。所謂維持國際匯價之平衡者。又未成功。數月以來。平衡稅常在百分之六七左右。有名無實。已成贅疣。同時匯價與平價之差額旣巨。反使投機者之活動。更爲容易。

至於國內物價。則於征收銀稅後之三數月。曾略見上漲。嗣後又漸趨下游。本年六月份之物價指數。已比去年征收銀出口稅前爲尤低。本來征收銀出口稅後。希望匯價與銀價脫離關係。國內物價方可不受銀價之影響。故最初數月。銀價與匯價平定時。國內適告歉收。物價遂爾上升。其後銀價旣漲。匯價隨升。匯價既不能脫離銀價而獨立。物價自亦不能不受匯價之影響。

征收銀出口稅之不足以防阻現銀之外流。本書結論中業已預料其必然。上文所云。雖說明征稅之並未成功。但並非謂如不征稅情形或將較好。惟政府及金融界既以征稅爲救時之策。不幸征稅後數月內。上海存銀繼續外流。則未免對於虛弱之人心。有落井下石之影響。人民對於貨幣金融前途之安全及保障。不無懷疑。資本之逃亡。有加無已。現銀之窖藏。亦所難免。（自十月十五日以後。上海之香港匯價大跌。未收稅前銀幣百元平均約合港幣九十元五角。收稅後續跌爲八十元。七十九元。七十四元。至六月而僅爲六十九元。表示匯款赴港者之擁擠。）而謠啄繁興。通貨澎漲。減低幣值。集中現金。停止兌現。及實行紙本位諸說。甚囂塵上。政府雖一再闢謠。而在有私運嫌疑之處。對於鈔票之兌現不能不加限制。各銀行當此難關。不得不謹愼收縮。工商業久感貿易之衰落。債務之困頓。所恃融通爲周轉。今一旦而資金融通之路告絕。倒閉淸理。層見疊出。金融界對於工商業。在昔本多融通。貿易衰落日深。工商業無力取贖押款。舉凡廠屋，土地，機器，設備，已製成之商品，未上機之原料。一切均化爲金融界之資本。不待工商業之倒閉。而活資俱成死貨。對外債務。無法履行。因而無數錢莊及小銀行。俱感困難。一時間金融組織有全盤崩潰之可能。差幸政府及各大銀行勉力放款救濟。暫維危局。苟延殘喘。一方面政府復將中央中國交通三行改組增加官股。其他發行鈔票之銀行。亦均一一改組。增加政府管理之力量。雖懲前毖後。在所當爲。而對於金融恐慌。並無救濟之力。雖有工商貸款之議。杯水車薪。成事尚鮮。

當此之時，國際環境。頗有變遷。日本在華經濟勢力之澎漲。與英國保守黨內閣之不甘放棄其在華利金。一時間國際借款之說，甚囂塵上。而中國且有加入英鎊集團之議。（此說於征收銀出口稅時，即已傳聞倫敦。今則傳說更甚。）國內亦不乏同情之論調。英政府乃有派遣羅斯爵士來華之舉。衡之今日英美日三國之利害關係。前途如何。未可逆覩。吾人但當確切認識中國何以於近數年內發生經濟衰沈及金融恐慌之主因。則一切解決辦法之利害。亦自可迎刃而解。關於中國何以發生衰沈與恐慌之原因本書中業已反復申論。茲再撮其最重要之兩點於后。以助了解。

（一）本書中曾以一九三〇及一九三一兩年之虛偽的繁榮。為日後經濟衰沈之大原因。並曾以該兩年內躉售市場生產界及金融界之相對的活動（以票據交換額為代表）與零售市場消費者購買力之相對的減退（以鈔票流通額為代表）。證明生產而無消費之必然陷於經濟衰沈之局面。此種現象。亦可以銀行放款額證明其確實。茲列一九二九年以來各銀行放款額如後。

年份	一九二九	一九三〇	一九三一	一九三二	一九三三	一九三四
上海各銀行存銀總數	二四〇 （一〇〇）	二六二 （一〇九）	二六六 （一一一）	四三八 （一八〇）	五四七 （二二八）	三三五 （一三九）
二十九家華商銀行存銀總數	一四〇 （一〇〇）	一五六 （一一二）	一九四 （一三九）	二五三 （一八二）	三〇五 （二一六）	—

二十九家華商銀行放款貼現透支總數	一、二二二 （一〇〇）	一、四二〇 （一一六）	一、六〇四 （一三一）	一、六六二 （一三六）	二、〇二三 （一六六）	— —
票據交換額總數	一六、八六一 （一〇〇）	二一、四六五 （一二八）	二六、九八六 （一六〇）	一七、七二九 （一〇五）	一三、八一一 （八二）	一五、五六一 （九二）

上表數目均以百萬元爲單位括弧內係百分數以一九二九爲一〇〇

一九三〇年存銀少放款多。而票據交換更多。一九三三年反是。存銀多。放款少。票據交換更少。（均以百分數比較）雖從絕對的數額言。二十九家銀行之放款額。一直綫均係增加。然放出之款。卻是死多活少。吾人更可以下面的數字來證明之。

吳承禧君「中國的銀行」第四一頁載有十三家銀行活期放款與定期放款的比例。如以兩種放款的總數爲一百。則定期放款的成數。在一九二九年以前。最低三五・五。最高四三・五。一九二九年爲三一・一四。一九三〇年三〇・五〇。是爲活期放款最多最活躍的一年。一九三一年爲三八・八九。一九三二年爲四一・四八。一九三二年以後各行綜合數目不詳。以中國銀行爲例。則一九三三年爲六〇。一九三四年爲五二。從以上各數中。可以證明一九三〇年生產界之繁榮。實有賴於金融界之融通。並非生產界本身有蓄積資本之力量。自始以來。金融界之放款。非以供商業上之周轉。而以供生產上之投資。戰後歐洲之恢復。

多賴短期資金之周轉。卒爲今日歐美經濟界崩潰之原因。一九三〇年中國經濟之繁榮。不幸蹈此覆轍。困難之情形。自一九三一年以來。卽已著明。定期放款之比例大增。放款之數相對已見收縮。不待國外銀價之上升。而國內經濟界之危徵已見矣。

（二）一九三〇年一九三一年銀匯價之非常下落。根本上破壞中國之國際收支平衡。該兩年之貨物入超額及外債償付額均大增。然幸而匯價下落。使一部分外資。以短期資金之方式。留存國內。一九三一年九月以後。各國相繼放棄金本位。（按英美兩國放棄金本位時。數月以內。銀價之上升。非但超過各該國物價上升之程度。並超過英鎊美元對法匯跌價之程度。換言之。卽銀價非但以貨計算而漲高。卽以金計亦漲高。此點從無人提及。今人但知美國之提高銀價。不知英美貨幣貶值之同樣提高銀價也。）繼之而有美國之購銀政策。銀匯漲高而同時國內之通貨安全。已見動搖。短期信用。急遽收回。國內資金。又多逃亡。（此可以上海匯豐銀行之存銀證之。一九二九年底爲四千九百萬元。一九三三年底爲八千四百萬元。一九三四年九月底爲四千七百萬元。十月底爲二千八百萬元。十一月爲一千二百萬元。十二月爲七百萬元。然香港該行所存之金銀則自一九二九年之一萬萬二千八百萬元增至一九三三年之三萬萬八千五百萬元。一九三四之數。未見報告。料亦有增無減。）以致向來暗藏之國際收支逆差。猝然暴露。同時國內物價。因匯價之上升。乃不得不下降。以遷就國際物價之平衡。此一過程。適與銀匯跌落時國內物價之牽連上升恰相反。

所可憐者。在彼時以物價之虛僞。造成一無根之繁榮。今日則以物價之壓迫。而發生調整之困難。銀匯之落，及其連帶而起之虛華。爲今日恐慌衰沈之遠因。銀匯之漲，及其連帶而起之調整。爲今日恐慌衰沈之近因。由此之故。發生種種困難之現象。在國內則物價平準既已下落。而彼此關係。復欠平衡。昔日締結之債務債權。因物價變遷而失諧。在國外則國際收支。又屬逆調。因之而現銀外流。迄不能止。匯價漲落。多少仍受銀價之支配。居今日而言救濟。最重要之兩點。在國內自須平衡物價之差度。在國外自須平衡收支之逆調。（國內物價與國際物價當然亦須保持相當平衡）。執此兩點。以衡今日種種救濟之方策。是非利害。應可分判。篇幅有限。不克長論。讀者有興。可參閱最近數月內。著者在各雜誌發表關於此事之論文。其目如下。

現銀外流之原因及其防阻辦法　東方雜誌三十一卷十八號

金融恐慌與伸縮稅率　社會經濟月報二卷五期

金融恐慌的原因與救濟辦法提要　社會經濟月報二卷六期

貨幣貶值兼論鎊匯　預計載社會經濟月報二卷八期或九期

羅斯爵士來華聲中之鎊匯，利用外資及貿易平衡問題　預計載東方雜誌本年秋季特刊

"Blocked" Dollars and Rigid Exchange Control: Finance & Commerce: 26-6-1935.

一九三五年八月二十日補記